OS SEGREDOS DAS FAMÍLIAS EMPREENDEDORAS

MARIA SINANIS

JOHN A. DAVIS

COURTNEY COLLETTE

OS SEGREDOS DAS FAMÍLIAS EMPREENDEDORAS

O QUE PODE IMPULSIONAR O SUCESSO DOS NEGÓCIOS NA PRÓXIMA GERAÇÃO

BASEADO EM DEZ ANOS DE DIÁLOGOS INTERGERACIONAIS EM HARVARD

Uma publicação da

hsm

EDUCAÇÃO EXECUTIVA

Produção: Casa Educação Soluções Educacionais Ltda.

Tradução: Lizandra M. Almeida
Preparação de texto: Pólen Editorial
Revisão: Ana Astiz, Lindsay Gois
Capa: Carlos Borges Jr. e Érica Menin
Coordenação de produção: Cássia Bufolin

1ª edição

Dados Internacionais de Catalogação na Publicação (CIP)
Angélica Ilacqua CRB-8/7057

Davis, John
Os segredos das famílias empreendedoras : o que pode impulsionar o sucesso dos negócios na próxima geração / John Davis ; tradução de Lizandra M. Almeida. -- São Paulo : HSM do Brasil, 2016.
136 p.

Bibliografia
ISBN 978-85-67389-79-0
Título original: Next Generation: Reflections on a Decade of Dialogue Between Senior and Junior Generations

1. Sucesso nos negócios 2. Empresas familiares 3. Empreendedorismo I. Título II. Almeida, Lizandra M.

16-1475 CDD 658.045

Índices para catálogo sistemático:

1. Sucesso nos negócios : Empresas familiares

hsm
EDUCAÇÃO EXECUTIVA

Alameda Tocantins, 125 – 34º andar
Barueri-SP. 06455-020
Vendas Corporativas: (11) 3039-5605
ou atendimento@revistahsm.com.br

Às gerações de famílias que participaram e promoveram o programa Families in Business na Harvard Business School.

SUMÁRIO

CARTA ABERTA AO LEITOR BRASILEIRO

Este livro traz a mais avançada sabedoria coletiva acerca de famílias empreendedoras para você. É o resultado de dez anos de ricas conversas entre participantes das gerações seniores e juniores de empreendimentos familiares do mundo inteiro, em um exercício que faz parte do programa "Families in Business" (FIB) da Harvard Business School, que lidero há 20 anos. Ao explorar com os jovens e com os mais experientes como desenvolver a próxima geração de um negócio familiar, cstc livro traz uma grande carga de informação e inspiração para o processo sucessório – em termos do pensamento de base e também das ações necessárias.

Há mais de quatro décadas aconselho famílias empreendedoras de todo o mundo, incluindo o Brasil, sobre as várias questões importantes enfrentadas em suas empresas e no âmbito familiar. Na maioria dos trabalhos, desenvolver a geração seguinte tem sido o item número um da lista do que é preciso fazer e parte importante de minha missão como conselheiro.

Esta obra mergulha no desenvolvimento da geração seguinte nos três papéis do sistema de empresa familiar – gestor, proprietário e integrante da família –, mas quis escrever esta carta para reforçar o foco no desenvolvimento de futuros líderes da empresa familiar. O papel de gestor é, sem dúvida, o mais importante para o sucesso do sistema, e compreensivelmente recebe a maior parte da atenção de famílias e companhias para as quais trabalho.

Muitas famílias empresárias estabelecidas não costumam ter um plano formal para desenvolver os representantes da geração seguinte e transformá-los em líderes de negócios; então, com frequência, eles carecem de alguns dos ingredientes essenciais de liderança efetiva.

A seguir, enfatizo o que precisa ser feito para desenvolver os herdeiros como gestores, organizando o trabalho em três frentes:

1. PROCESSO SUCESSÓRIO: AS TRÊS PRIMEIRAS ETAPAS

A maioria das famílias que possuem empresas deseja que um membro esteja no comando de seu negócio, e na maioria das empresas familiares é isso que se vê: um integrante da família (ou mais de um) não só está à frente da direção geral do negócio como também dirige suas operações.

Veja bem: não é necessária uma liderança familiar, em sentido estrito, para que uma companhia seja considerada familiar. Desde que uma família detenha o controle do capital e influencie significativamente a direção e as decisões de negócios mais importantes, a maioria das pessoas a considerará uma empresa familiar. Porém, a maioria das famílias quer ter uma liderança familiar no negócio mesmo assim. Por quê?

As famílias costumam acreditar que um de seus membros preservará a cultura, manterá os relacionamentos-chave com os stakeholders e tomará decisões de longo prazo alinhadas com as metas dos donos. De fato, a meu ver, líderes familiares tipicamente garantem esses benefícios, que são muito valorizados nos negócios atuais – cultura, relacionamentos com stakeholders e visão de longo prazo. Eu acrescentaria que CEOs integrantes de famílias controladoras estão entre os líderes empresariais mais profissionais c inovadores que conheci em minhas décadas de docência na Harvard Business School e de consultoria em organizações de todo o mundo.

No entanto, nem sempre um integrante da família é a pessoa mais indicada para comandar o dia a dia das operações de uma companhia familiar. Algumas vezes, ninguém da família está interessado no trabalho de CEO (usarei o termo CEO para abranger todos os cargos executivos máximos de uma companhia); outras vezes, não há alguém qualificado. Em ambos os casos, é mais recomendável que um gestor externo assuma a posição.

É possível ainda que o membro da família seja jovem demais para liderar e precise ser preparado para o novo papel – nesse caso, é desejável que um gestor externo seja escolhido para dirigir a empresa e, ao mesmo tempo, preparar o sucessor familiar.

E se houver um integrante da família interessado no trabalho de CEO, com boas qualidades e com experiência para fazê-lo? Nem assim ele ou ela serão a melhor possibilidade. Se a empresa familiar precisar ser transformada drasticamente, por exemplo, um gestor externo deverá ser uma opção melhor, pois terá mais facilidade para realizar mudanças. Um membro da família terá muita dificuldade em mexer na cultura da empresa, alterar o modo tradicional de gerenciamento, demitir funcionários de longa data, e descontinuar operações.

Um profissional de fora do núcleo (e da empresa) pode também ser a alternativa preferencial quando uma empresa familiar quiser "escalar" seu negócio de pequeno para grande – a implementação de sistemas de gestão criados para empresas grandes (planejamento, orçamento, RH etc.) é mais bem-administrada por quem já atuou em empresas grandes, afinal.

Assim, qualquer planejamento sucessório de empresa familiar deveria embutir as seguintes etapas:

1. Decidir o que o próximo CEO precisa ser capaz de fazer pela empresa.
2. Especificar o perfil de CEO necessário para isso.
3. Entender se a companhia será melhor servida por um CEO que é membro da família ou por um

gestor profissional, de dentro ou de fora da companhia, e se essa será uma escolha de longo prazo ou apenas interina.

O fato é que empresas familiares raramente seguem esse processo de três etapas. O que costuma acontecer é a família se perguntar: "Temos dois ou três membros interessados em liderar a empresa – quem deles é melhor? Será que eles podem administrar a empresa juntos?".

Há uma maneira muito melhor de passar por esse processo importante e sensível.

2. INGREDIENTES DE UMA SUCESSÃO EXITOSA

Sejam quais forem as decisões nas três primeiras etapas, criar um plano efetivo para desenvolver os futuros líderes familiares é fundamental. E a melhor maneira de fazê-lo é começar se conscientizando sobre a real finalidade do desenvolvimento.

Muitas empresas desenvolvem seus futuros líderes conforme as necessidades do negócio atual, não do negócio futuro – e isso é um grande erro. O perfil de habilidades, valores, personalidade e experiência de qualquer sucessor deveriam se adequar ao local para onde a empresa familiar está indo e não ao ponto em que se encontra hoje. A maioria das empresas e suas áreas de atuação está mudando em ritmo rápido, não está? Não é difícil imaginar que uma empresa iniciada hoje se transmute, no intervalo de uma geração, em um conjunto diferente de produtos e serviços, é? Se isso ocorrer, precisará ser administrada de um modo bem diferente, ainda que mantenha seus valores e sua ética, e exigirá um sucessor com perfil distinto daquele do líder atual.

Além da transformação da natureza do negócio, o modelo de liderança adotado pode mudar muito de geração para geração – em geral, é preciso que isso aconteça – e dificilmente alguém consegue ser uma cópia do fundador.

Quanto à liderança, a maioria dos fundadores gerencia suas empresas de modo centro-radial: eles se situam no centro das operações e tomam a maior parte das decisões importantes – e várias das menos importantes também. Nessas organizações, os gestores tendem a ser mais implementadores das ideias do fundador do que pessoas que tomam decisões com autonomia.

É pouco provável que um sucessor toque uma empresa de acordo com o modelo de liderança centro-radial. Quando chega a vez desses herdeiros, o negócio já evoluiu e precisa de um comando e de um desenho organizacional diferentes – em geral, um modelo piramidal com níveis de responsabilidade.

Quanto ao perfil, é raro um sucessor ser, naturalmente, uma réplica do fundador, apesar de muitas famílias desejarem que assim seja. Aliás, as que desejam um sucessor clone do líder atual (em habilidades e em estilo de decisão) costumam gerenciar mal as sucessões, e, com frequência, as empresas definham. Por outro lado, famílias que se desapegam do fundador e olham para frente fazem bons processos sucessórios e seus negócios têm maior êxito.

A passagem de bastão sempre foi um desafio para as empresas familiares, mas tornou-se especialmente desafiadora diante do fato de que a maioria das empresas precisam mudar com regularidade para sobreviver. Vinte anos atrás, as companhias davam-se ao luxo de se adaptar às novas condições de setor (e à mudança tecnológica) uma vez a cada geração. Isso se acelerou: hoje se exigem modificações periódicas no modelo de negócio (ou seja, na maneira como a empresa conduz o negócio e gera dinheiro).

Sobreviver agora requer permanecer ágil, o que é bem mais fácil sem definições rígidas das linhas de negócios – uma unidade específica pode morrer de uma hora para outra. Um exemplo? Dizer "somos uma empresa de navegação" é definir um negócio com rigidez; uma abordagem mais flexível, tal como "somos uma empresa de transporte e distribuição", já permitiria aos proprietários e à gestão pensar de maneira mais inventiva sobre o crescimento da empresa e sobre a concorrência.

Ter a definição correta do negócio ajuda a família a planejar melhor a sucessão. Entender (na medida do possível) como o setor está mudando e em que direção é preciso ir para se adaptar a isso também ajuda a planejar melhor o processo. Não é exagero dizer que a sucessão se tornou um alvo móvel, dadas as condições fluidas dos negócios atuais. O melhor a fazer é reavaliar as necessidades de liderança futura da empresa com frequência e continuar conversando com a geração seguinte de modo que ela entenda como pode se desenvolver para formar o grupo de líderes que será necessário amanhã.

Acompanhamos casos de empresas que mudaram tanto no período que os herdeiros eram desenvolvidos, que eles não conseguiram mais se qualificar para ser CEOs. Uns tiveram de vendê-las; outros se tornaram integrantes do conselho ou executivos de holding muito bem-preparados, capazes de dar ótimas contribuições para os gestores profissionais.

Os membros de uma família precisam aprender a fazer a seguinte pergunta (sobretudo durante transições de liderança): como podemos ser mais bem-utilizados em nossa empresa – como líderes operacionais ou conselheiros estrategistas? Responder corretamente a essa questão fará uma enorme diferença no tipo de organização que a família poderá construir e em quão bem-sucedida ela será.

O líder atual pode ser um executivo operacional de primeira linha mas não tão preparado em estratégia. E o maior talento de seu sucessor talvez não esteja no dia a dia das operações, mas em contribuir como membro do conselho de administração focado em estabelecer a direção estratégica do negócio, realizar novos investimentos etc.

Na maioria das sucessões que dão certo em empresas familiares, a dinâmica é parecida: o regime que sai deixa para o pessoal que entra uma companhia com uma cultura e uma reputação sólidas, algumas boas oportunidades a buscar, um modelo de negócio funcional, um balanço saudável e um sucessor bem treinado que quer melhorar as coisas.

Em alguns casos, até há problemas econômicos sérios, mas as sucessões são bem-sucedidas assim mesmo, porque as dificuldades se devem ao setor ou a questões mais amplas da economia do país. Se o sucessor e sua equipe puderem corrigir o curso e voltar às condições de prosperidade, tudo funciona bem.

Para que uma transição sucessória tenha bons resultados, também ajuda muito ter uma base sólida de acionistas membros da família. Se os novos proprietários da empresa discordarem sobre o rumo e as políticas da companhia, se exigirem empregos que não merecem ou se não se entenderem entre si ou com o líder, prevalecerá a instabilidade e esta poderá enfraquecer o negócio.

Cabe à geração sênior selecionar na geração júnior os proprietários que efetivamente conseguirão ser responsáveis pela empresa familiar, aqueles que vão tratar a empresa como trabalho, não como direito inato. No mínimo, os proprietários da empresa deveriam:

- Interessar-se pelo negócio, ou seja, estar dispostos a aprender sobre ele, ir a reuniões, contribuir para discussões de acionistas e desempenhar seus deveres como proprietários.
- Não drenar recursos financeiros excessivos do negócio e estar dispostos a se sacrificar por ele em termos financeiros, se necessário.
- Dar-se bem com os outros proprietários e executivos, tornando possível que as decisões tomadas sejam objetivas, tendo como finalidade única ajudar a empresa familiar.

Idealmente, os atuais proprietários da empresa familiar transmitem a propriedade apenas àqueles herdeiros que sentem que serão bons proprietários segundo os critérios acima. É raro isso acontecer. Os pais parecem determinados a tratar seus filhos de maneira igualitária, não só no valor de sua herança mas também nos bens que cada um recebe. Há muitas maneiras de transmitir diversos tipos de bens a diferentes herdeiros e atender as obrigações legais e parentais para com eles. Esse é tema para outro livro. No mínimo, pais e atuais proprietários deveriam ajudar a geração seguinte a entender e preparar-se para as responsabilidades da propriedade. Deveriam também estabelecer um acordo de acionistas para a geração seguinte que permita ao membros da família comprar e vender ações da empresa e reconfigurar o grupo acionista, se necessário.

A geração seguinte da família (especialmente a seguinte aos proprietários familiares) cria uma base muito mais sólida para a empresa familiar quando consegue se ver e se comportar como uma equipe forte. Grupos assim têm boa comunicação, metas claras e comuns, responsabilidade compartilhada pelos sucessos e pelos fracassos, e um certo conforto em diferentes papéis, níveis de visibilidade etc. Eles são construídos – não nascem – para se comportar dessa forma. Um dos maiores legados que qualquer geração pode deixar à seguinte é a noção de trabalho em equipe intergeracional. Isso é também um ingrediente de uma transição bem-sucedida da liderança da empresa.

Uma família tem mais probabilidade de ser comprometida, contribuir com sua empresa e se comportar como um time forte se:

- A família estiver unida em torno de valores centrais e tiver uma missão comum (o que queremos realizar como família).
- Os membros se sentirem bem-informados em relação à empresa.
- Os integrantes se sentirem tratados com justiça em relação a emprego na empresa bem como benefícios da empresa.
- A família tiver um fórum regular para discutir seus interesses na empresa.

Um sistema de governança familiar em bom funcionamento (com um conselho de família, políticas familiares e atividades para informar e unir o grupo) pode ajudar nessas questões.

Cada família precisa discutir como a geração seguinte se prepara emocional e relacionalmente para a transição de liderança de seus membros. Status, reconhecimento, aprovação e recompensas relativas são motivadores importantes e qualquer mudança na maneira como esses itens foram alocados no passado podem abalar as relações. Então, é útil perguntar aos integrantes: como você vai se sentir quando seu irmão ou irmã se tornarem o novo CEO e liderarem reuniões da empresa, ou quando ela e seu cônjuge realizarem as festas da empresa e viajarem no avião da família para reuniões do setor? Sinais de problemas de relacionamento (o que pode piorar depois de uma transição sucessória) precisam ser abordados.

A situação sucessória ideal exige que o líder atual esteja disposto a abrir mão de sua posição, e em tempo hábil. Se o líder da geração sênior não quer fazer isso em caso algum ou em tempo hábil, a motivação do sucessor para liderar a empresa provavelmente será reduzida, grandes qualidades dele poderiam ser perdidas e a dinâmica da empresa e a unidade da família podem ser prejudicados.

Essa situação infeliz acontece muitas vezes, com o líder atual apegado à autoridade e às responsabilidades-chave por tempo demais. Acontece com mais frequência na transição da primeira para a segunda geração e tende a estar relacionada ao líder de negócio atual quando ele:

- Não vê o quadro mais amplo do que está sendo construído e transmitido.
- Não vê a preparação da geração seguinte como parte de sua obrigação.
- Assume que os sucessores permanecerão motivados independentemente do que acontecer.
- Julga mal quanto tempo eles têm para ser vitais ou evita desencorajar seu sucessor, o que está se tornando mais comum conforme as pessoas vivem mais e não sentem o avanço da idade até mais tarde na vida.
- Não planeja o próximo capítulo de sua vida.
- Há poucos papéis de aconselhamento estabelecidos e respeitados para mais idosos (o que é um problema cada vez maior na sociedade ocidental) e não quer deixar de se sentir útil.

Parte da gestão da sucessão envolve ajudar o líder atual a definir seu legado, planejar a vida fora da empresa, tornar-se seguro em termos financeiros para além do negócio e desenvolver a confiança em habilidades e valores do sucessor. Um conselho de administração respeitável pode ajudar a monitorar e gerir o processo sucessório e verificar se o sucessor está tendo um bom desempenho.

3. O PERFIL DO SUCESSOR

O que queremos ver em um sucessor? A situação sucessória ideal tem os seguintes contornos:

A. O sucessor deve conquistar o respeito dos gestores, funcionários, membros do conselho, stakeholders externos e família. Ele ou ela foram uma escolha inconteste para assumir. A família se sente em paz diante dessa escolha.

B. O sucessor precisa ter a experiência externa necessária e a formação em negócios para ser preparado a fim de liderar a empresa familiar, devido a suas questões atuais e futuras. Ele ou ela estão preparados para o papel específico de liderança que se adequa a seu maior e melhor uso. Experiência externa em negócios é um ingrediente importante para preparar sucessores porque, para a maioria das empresas, o negócio está mudando rapidamente e podemos aprender muito com o modo como outros fazem negócios de maneira bem-sucedida. Experiência externa útil pode ser obtida em um setor relacionado ou em um setor muito diferente do da empresa familiar.

Educação em gestão e outros tópicos (tecnologia é um tema comum) também são valiosos. Para ser um líder de negócio eficiente hoje, é necessário formação contínua para permanecer atualizado. Educação executiva não significa necessariamente obter um MBA, apesar de que, na época certa da vida, uma experiência acadêmica como essa pode ser interessante, ensinando estruturas úteis para analisar situações de negócio e ampliar as habilidades do sucessor e sua compreensão do mundo dos negócios. O MBA e outras experiências educacionais podem ajudar muito se o sucessor também tiver motivação para aprender e ir além, com bom senso e humildade. Sem essas características, um MBA chega a ser um impedimento, porque pode trazer uma falsa noção de confiança ao líder.

C. O sucessor deve ter a experiência interna no negócio para saber como a empresa funciona. Um dos maiores mitos perpetuados por escolas de negócio nos últimos 30 anos é o de que um MBA permite gerir bem praticamente qualquer companhia. A verdade é que sem uma compreensão visceral de seu negócio, você não conseguirá geri-lo bem. Ensinamos sucessores a permanecer muito próximos ao que chamamos de "A Rua" – o que funcionários fazem e como se relacionam com a empresa; quem são os clientes e fornecedores e quão leais são para com a companhia; como se ganha dinheiro com ela etc.

Para obter a experiência interna necessária, o sucessor precisa entrar na empresa familiar cedo o suficiente para se movimentar pelas funções adequadas e adquirir a experiência necessária. Alguns líderes acreditam que os sucessores devem aprender sobre a empresa familiar desde muito cedo, começando com trabalhos de hierarquia baixa, geralmente como acontece com outros profissionais.

Isso pode ou não ser uma boa estratégia. Isso faz sentido se a meta é desenvolver o sucessor e torná-lo um grande operador do negócio familiar e se há a impressão de que a empresa familiar não vai mudar muito; nessa condição deve-se fazer com que ele passe por uma série de funções começando pela hierarquia de baixo. Nesse caso, também convém entrar mais cedo no negócio da família, mas, ainda assim, depois de obter experiência externa útil.

A empresa familiar provavelmente passará por muitas mudanças e pode se transmutar em algo muito diferente. Nesse caso, justifica-se uma entrada tardia e um programa de preparação mais amplo faz sentido. Por exemplo, se acha que precisa de um sucessor que entende como fazer a empresa familiar crescer por meio de aquisições, deve-se encorajá-lo a desenvolver uma experiência profunda em investimentos bancários antes de voltar à empresa familiar.

De qualquer maneira, eu diria que o conhecimento da "Rua" do negócio é necessário, mas não suficiente, no mundo empresarial altamente mutável em que vivemos. Um líder empresarial hoje também precisa entender o que está acontecendo nos setores de que a empresa participa, assim como a condição da economia em geral, o impacto das mudanças tecnológicas na empresa familiar etc. Manter o pé na "Rua" enquanto ganha altitude suficiente para ver o que acontece no entorno da empresa exige um pouco de alongamento. O programa de desenvolvimento do sucessor precisa incorporar os dois elementos.

D. O sucessor precisa ser apaixonado pelo negócio. As empresas mais bem-geridas são sempre lideradas por pessoas apaixonadas pelo que fazem. Elas gostam dos produtos e dos serviços da empresa. Gostam dos funcionários, dos fornecedores e de outras pessoas com quem a empresa faz negócios. Eles (principalmente) amam as horas e a rotina diária. Amam até os problemas. Não poderiam pensar em uma empresa em que gostariam mais de estar. Quando um candidato à sucessão fala sobre o negócio e seus olhos não brilham, ele não é uma boa opção.

Mas não tire conclusões precipitadas sobre a adequação do sucessor. Às vezes, um sucessor não tem entusiasmo em relação ao negócio que o pai abriu, mas é apaixonado pela versão que deseja criar. A questão é se esse a nova abordagem faz sentido para a família. Ou o sucessor pode de fato gostar do negócio atual, mas não se anima a ser um CEO operacional, como seu pai foi. Em vez disso, gostaria de administrar a diversificação da empresa familiar no nível de uma holding. A questão é se é útil diversificar a companhia e se o papel dessa holding realmente agrega valor. Sucessão bem-sucedida é sempre uma dança entre o que a empresa precisa e aquilo em que o sucessor é bom e pelo qual é apaixonado. Cuidado para não sair de um bom negócio ou criar uma nova empresa só porque o sucessor quer. É preciso ponderar com cuidado como usar bem seus talentos e interesses. Sempre há uma solução compatível para esses quebra-cabeças.

E. O sucessor deve ter – ou ser capaz de conseguir, por meio de alianças, governança e outros meios – o controle da propriedade. Isso significa que o líder empresarial muitas vezes pode contar com os proprietários dando apoio a suas iniciativas. Quando a empresa precisa fazer algo ousado, os proprietários serão inclinados a apoiar o CEO no movimento (em geral com um endosso adicional do conselho). Às vezes, os sucessores têm o controle completo da propriedade. Mas ocorre de isso ser difícil de conseguir, especialmente se a família é grande ou se tiver poucos outros bens para passar à geração seguinte.

Não quero soar maquiavélico ao falar acerca de o líder proteger o poder no sistema da empresa familiar. E não defendo que líderes empresariais obtenham o apoio dos proprietários por meio de troca de favores, construção de coalizões excluindo alguns proprietários das discussões ou com um sigilo desnecessário. Esses métodos políticos são vistos como desrespeitosos para alguns, em geral ricocheteando de volta para o líder, e impedindo a construção de uma unidade de propriedade ampla e de apoio à empresa familiar.

Os sucessores precisam aprender como desenvolver de maneira construtiva o apoio dos proprietários à sua liderança, bem como o comprometimento deles para com a empresa. O foco no desenvolvimento do sucessor diz respeito à sua gestão e às suas habilidades de liderança. As habilidades de propriedade costumam ser quase tão importantes em termos do futuro sucesso do sucessor. Os de empresas familiares precisam ser desenvolvidos como líderes de grupos de proprietários, que sabem como a empresa é e como deve ser legalmente organizada, como a propriedade é e deveria ser estruturada, quais as responsabilidades e direitos do proprietários e como desenhar uma governança efetiva do grupo proprietário. Um estilo diplomático, a vontade de comunicar e pedir aos outros seu apoio e uma medida de humildade também ajudam muito.

F. O sucessor precisa ter no topo da companhia sua própria equipe leal em ação. Desenvolver lealdade a um novo líder (e não só à empresa da família) é importante para a equipe de liderança funcionar bem.

O time do líder atual tende a ser pessoalmente leal a ele, e essa condição nem sempre se transfere com facilidade ao próximo. Este pode ser paciente e esperar que membros da alta gestão se aposentem. É comum que eles tenham, em sua maioria, idade próxima à do líder que sai, então costumam se aposentar alguns anos depois. Alguns desses afastamentos podem ser acelerados para garantir que a nova equipe de alta gestão tenha a habilidade e a abordagem desejadas pelo sucessor. Mudanças completas na alta gestão, porém, costumam ser revolucionárias demais para as empresas.

Então, é inevitável que a transferência de lealdade exija que o sucessor que entra conquiste gestores e funcionários antes de a sucessão ocorrer. É essencial que o líder que sai endosse de maneira explícita seu sucessor e encoraje a alta gestão e outros funcionários-chave a confiar no julgamento e no caráter do herdeiro.

G. O sucessor deve realmente querer liderar. Pode-se ter todos os outros elementos desta lista em ordem, e ainda enfrentar problemas se tiver um sucessor que não quer liderar. Os líderes são os maiores responsáveis por descobrir aonde se deve ir e ajudar a chegar ao destino. Os sucessores mais exitosos que estudei são agentes de mudança. Para fazer isso bem, devem declarar sua posição sobre questões e aceitar a crítica daqueles que discordam ou estão em desvantagem quanto à sua opinião. Quase toda decisão difícil envolve desapontar alguém e poucas pessoas se sentem confortáveis para decidir questões complicadas declarando suas posições ou vivenciando o desapontamento ou a raiva dos outros.

Desenvolver os membros da nova geração de um negócio familiar para assumir sua liderança deve ser pensado como um processo de vida inteira. Se as crianças são apresentadas à empresa de maneira adequada e criadas para ter valores, padrões e comportamentos apropriados, é mais provável (mas não garantido) que despontem vários candidatos qualificados e interessados em liderar a companhia. Se os jovens ingressam nela no momento adequado e de modo estruturado, as condições serão propícias para ele ou ela fazerem uma carreira na empresa.

Se adultos têm uma experiência de trabalho bem-sucedida na companhia, isso os ajudará a construir credibilidade e ganhar autoridade no negócio, e a se tornarem naturalmente sucessores potenciais. Isso também fará com que aceitem melhor o apoio da liderança sênior e permitirá ao líder sênior que entregue o comando na hora certa e de maneira mais confortável.

Famílias empresariais bem-sucedidas costumam investir mais tempo e esforço nesse processo, porém muitas ainda não se dedicam a esse processo de desenvolvimento interno com foco suficiente até que o desenvolvimento geral das pessoas esteja avançado demais. Isso interfere de modo negativo na preparação dos sucessores em empresas familiares, o que, em última análise, as enfraquece. Em meu ponto de vista, o desenvolvimento inadequado da geração seguinte é a causa principal do fracasso da empresa familiar.

Sempre que a nova geração é desenvolvida para produzir futuros líderes empresariais fortes; bons proprietários da empresa; e membros da família maduros e unidos, a família cria uma organização que quase ninguém supera.

John A. Davis
Cambridge, MA

CARTA ABERTA À GERAÇÃO SÊNIOR

Caro Líder da Empresa Familiar,

Sei que você sabe disso, mas vou dizer mesmo assim: transições sucessórias são processos de alto risco para sua empresa e para sua família. Se conduzir mal esse processo, seu negócio e sua família provavelmente serão afetados, e há muitas formas de conduzir mal uma transição. Você pode escolher a pessoa errada para sucedê-lo como líder da empresa; esperar demais para fazer a transição da autoridade de gestão e do controle de propriedade; passar a propriedade a membros da família que não são bons no trabalho dedicado a ela; não desenvolver o trabalho em equipe na geração seguinte; não preparar os funcionários para aceitar um novo líder (vamos encarar os fatos, eles gostam de você); não estabelecer uma boa governança para ajudar a geração seguinte a tomar decisões; e não deixar a empresa em boa situação financeira e organizacional.

Transições sucessórias também são complicadas, tanto organizacional como emocionalmente. Todos sabemos que os negócios estão mudando rapidamente (considere apenas as mudanças recentes em tecnologia e globalização) e o líder certo para o futuro de sua empresa poderia ser diferente de você de algumas maneiras importantes. Mas quão diferente? Escolher um líder não é uma ciência e você, no fim das contas, é responsável por garantir que a escolha seja bem-feita. Se tudo correr bem, você tem uma ou mais opções em sua família, mas a transição para uma pessoa da família tem suas complicações. Por exemplo, como você promove seus herdeiros na organização, dando a eles a experiência de gestão necessária para chegar a conduzir a empresa, sem desapontar os gestores leais e causar uma ruptura na organização?

Além disso, as complicações emocionais pessoais das transições sucessórias são profundas. Depois de passar décadas cultivando seu negócio, assumindo riscos prudentes para fazer seus bens crescerem, desenvolvendo a empresa, trabalhando com pessoas com quem você se conecta, tendo orgulho de suas realizações e, às vezes, arcando com o resultado de seus erros e com o ego ferido, você se identifica totalmente com o papel de líder. Mais ainda: provavelmente ainda é bom nessa função. É difícil deixar um trabalho de que você gosta, no qual é competente e que está totalmente associado a quem você é.

O tempo parece passar rápido demais. Muitos líderes parecem surpresos quando chega a hora de preparar a transição. Você provavelmente chegou a essa encruzilhada (ou vai chegar) mais cedo do que gostaria. Você sabe – racionalmente falando – que não vai viver para sempre e que precisará dar uma chance à próxima geração. Mas é difícil encarar a realidade de que o momento está aí (ou estará mais cedo do que você desejaria).

Os sentimentos em relação a essa transição são complicados. Você quer que seu filho herde seus valores e tenha ambição e motivação de modo que sua empresa e família possam continuar a ter sucesso depois de você. Pode até se lembrar e se identificar com a posição dele. Ao mesmo tempo, a necessidade de afastar-se e abrir mão de responsabilidades fundamentais pode parecer injusta para você e talvez pouco sábia para a empresa. Você ainda é bom em seu trabalho e, de várias formas importantes, provavelmente é melhor do que seu sucessor. Passar o bastão é um processo difícil e emocional. Entregar seu legado à próxima geração e empoderá-la a fazer algo diferente é um ato de generosidade notável e um ingrediente necessário para uma transição geracional bem-sucedida.

Eu entendo e me identifico com tudo isso. Mas é importante que você faça essa transição e que ela ocorra de uma maneira oportuna, de modo que sua empresa e sua família mantenham a trajetória. Se você interromper o *momentum* de seu negócio ou a motivação da próxima geração (porque você os segurou por muito tempo), pode afetar a sobrevivência de seu empreendimento. Eu o aconselho a não se colocar no caminho da dinâmica de sua empresa. Quanto antes começar a planejar e der passos concretos para fazer a transição funcionar, melhor.

Três coisas parecem tornar esse processo mais fácil para um líder. A primeira é saber que toda geração passa por isso; a seguinte vai enfrentar o mesmo desafio. A segunda é sentir-se admirado por suas contribuições para a família e a geração seguinte. A terceira é saber que você está passando seu legado para uma nova geração capaz e competente.

Na verdade, a preparação da nova geração é o que há de mais importante para garantir uma transmissão de comando geracional bem-sucedida. É ainda mais importante do que sair no momento correto. Veja que interessante: por mais que a preparação da geração seguinte não esteja totalmente sob seu controle, depende significativamente de suas ações. Quer você seja pai ou mãe, quer você seja o membro mais velho da família ou um líder de seu negócio, é sua obrigação ajudar a preparar a próxima geração para atingir "seu maior e melhor uso" na vida e estar pronta para herdar o que você planeja passar para eles. Se resistir a isso, ou planejar e executar mal o desenvolvimento da geração vindoura, os resultados provavelmente serão piores. Mais uma vez, é bem possível que eu esteja dizendo algo que você já sabe.

Os líderes que vejo desenvolvendo a geração seguinte efetivamente fazem isso em parceria com ela. Juntas, as duas gerações constroem uma visão de futuro para a companhia e para a família que os sucessores têm motivação para conquistar. Decidem juntas de que tipo de talento precisam para conquistar aquela visão, e cada uma faz sua parte para se preparar para atingi-la. Os líderes de negócio realmente excepcionais que conheço dedicam-se à geração seguinte e fazem disso uma prioridade pessoal para ajudá-la a estar preparada. Então, quando consideram que está, cedem o poder e a autoridade na hora certa. É um longo processo, mas que vale a pena. Espero que este livro ajude-o a começar ou a continuar sua liderança no processo de transição. Desejo tudo de bom.

Com minha admiração por seu trabalho bem-feito,

John A. Davis
Cambridge, MA

INTRODUÇÃO

O DIÁLOGO SOBRE O DESENVOLVIMENTO DA PRÓXIMA GERAÇÃO EM HARVARD

Desde 1997, a Harvard Business School (HBS) oferece um programa de educação executiva a famílias de todo o mundo chamado Families in Business: From Generation to Generation [Famílias nos Negócios: de geração em geração]. O programa FIB, como é chamado na Escola, reúne equipes de famílias com quatro ou mais membros, mundo afora, para seis dias intensos de aprendizado sobre os elementos essenciais da gestão de empresas familiares. Discussões em sala de aula são enriquecidas por perspectivas ricas e em geral apaixonadas das Gerações Sênior e Júnior, líderes de empresas familiares, proprietários da família, membros da família não proprietários, cônjuges, gestores da família de ambas as gerações e alguns executivos não familiares e membros do conselho. É uma jornada estimulante desde o início do programa na tarde de domingo até seu encerramento, na sexta-feira à tarde.

O programa FIB é oferecido anualmente no campus coberto de hera da Harvard Business School em Boston, Massachusetts, e tem sido oferecido internacionalmente na Tailândia, na Índia, na China e nos Países Baixos. É um curso de "educação executiva", o que significa que não é necessário que o participante seja aluno matriculado na universidade. As famílias deixam para trás suas empresas e afazeres diários e passam um tempo concentradas e focadas em salas de aula, auditórios de conferência e salões de jantar no campus – longe de suas rotinas cotidianas – para conversar sobre suas esperanças, metas e preocupações quanto a seus negócios e famílias e para planejar o futuro. Muitas famílias nos contam que é a convivência mais significativa que tiveram em muito tempo, e talvez na vida.

O FIB conduz os participantes por uma série de tópicos, e cada aula e cada dia constroem uma base de aprendizado para discussões importantes que inevitavelmente prosseguem durante a semana. Nós usamos o Modelo dos Três Círculos (a seguir) como principal estrutura para o programa, que cobre tópicos como estes:

- Características, pontos fortes e pontos fracos dos sistemas de empresas familiares.
- Estágios de desenvolvimento e como resolver as questões de cada um.
- Como lidar com o nepotismo e construir o profissionalismo na empresa e na família.

- Comunicação e negociação efetivas na família.
- Gerenciamento das relações de trabalho da família.
- Desenvolvimento de estratégias de negócio e da família.
- Como criar um grupo de propriedade comprometido.
- Governança de negócio, de propriedade e de família.
- Transições geracionais de gestão.
- Desenvolvimento da geração seguinte.
- Sucesso multigeracional de longo prazo.

SISTEMA DE EMPRESA FAMILIAR

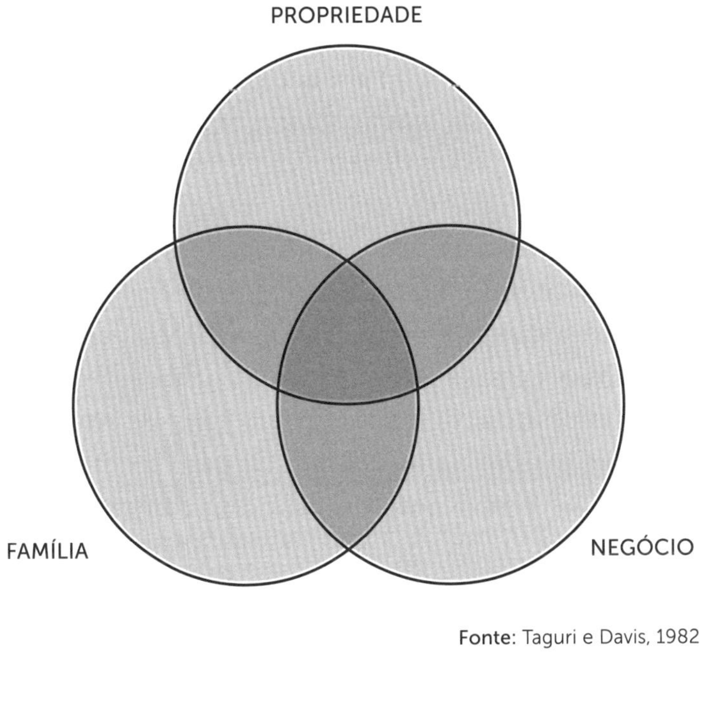

Fonte: Taguri e Davis, 1982

Como as transições geracionais são tão importantes para o sucesso e a continuidade desses negócios familiares, um dia inteiro ao longo da semana é dedicado a esse tópico, incluindo a preparação da geração seguinte. Como parte dessa jornada, é organizado um "Diálogo Intergeracional", no qual membros da geração sênior e júnior têm uma discussão facilitada em classe sobre o que ambas podem fazer para ajudar a próxima geração se tornar competentes gestores, proprietários e membros da família.

Esse diálogo intergeracional é uma conversa rica em parte porque as duas gerações fazem antecipadamente um aquecimento sobre as questões. O dia em que esse exercício acontece é o penúltimo antes do fim do programa, e nesse momento os participantes estão bem abertos a discutir. Para que o encontro seja frutífero, primeiro orientamos cada grupo a discutir em particular os aspectos da transição geracional: a Geração Sênior se reúne em uma sala, enquanto a Geração Júnior fica em outra. As duas conversas separadas e facilitadas focam no que cada geração pode fazer para ajudar os sucessores a se desenvolver. Documentamos cuidadosamente os comentários de cada grupo sobre o processo de desenvolvimento antes de reunir os dois para o exercício de diálogo. Os participantes costumam nos contar que apreciam essa conversa anterior com sua própria geração, porque podem ser mais abertos e diretos com seus pares quando abordam os tópicos em primeira mão. É necessário um tanto de coragem para expressar algumas coisas entre gerações dentro das famílias, e é um pouco mais fácil quando se está com seus pares conversando com a outra geração sentada do outro lado da parede. O objetivo do programa é ajudar cada lado a dizer clara e educadamente o que precisa ser dito, e a ouvir com atenção as mensagens e os sentimentos da outra geração. O exercício, ano após ano, é muito bem-sucedido.

Nosso propósito ao escrever este livro é relatar as lições desses encontros, para descrever os pontos de vista das duas gerações no desenvolvimento dos sucessores, e para identificar se essas perspectivas estão ou não sincronizadas. O que os membros da nova geração querem de seus pais e de outros membros da Geração Sênior para ajudá-los a se preparar? O que os membros da Geração Sênior querem que a Geração Júnior faça para se preparar? Os dois grupos encaram o desenvolvimento da nova geração de maneiras diferentes, ou estão de pleno acordo sobre esse processo? Os dados que coletamos (e compartilhamos em cada programa) dos dez anos em que conduzimos este exercício configuram a base deste livro. É muito raro que se possa comparar as perspectivas de duas gerações durante um período tão longo.

SOBRE AS FAMÍLIAS

Apesar de o programa FIB ter sido oferecido 30 vezes entre 1997 e 2014, para o propósito deste estudo selecionamos o período entre 2004 e 2013, durante o qual foi oferecido 14 vezes em Boston. Analisamos apenas dados de grupos reunidos em Boston, não os que se encontraram fora dos Estados Unidos. Mesmo assim, trata-se de uma amostra muito internacional. Durante esses dez anos, 912 pessoas de 251 famílias e de 45 países participaram do FIB em Boston. Do total, 92 famílias (ou 36%) eram dos Estados Unidos. O segundo maior grupo de participantes do FIB era da América do Sul. Famílias de outras regiões do mundo são representadas de maneira mais ou menos igualitária.

Equipes de 2 a 15 pessoas participaram dos programas (quase todos os membros da equipe são integrantes da família, apesar de uns poucos gestores não familiares ou consultores acompanhá-los); a maioria das equipes incluiu duas gerações da mesma família; em algumas ocasiões, participaram três gerações. Mas a Geração Sênior (aquela que se encontrava no controle da propriedade da empresa familiar) e a geração seguinte (esperando um dia assumir o comando) estavam presentes em praticamente número igual em todos os programas.

Durante esse período de dez anos, a idade dos participantes variou entre 18 e 82 anos, com algumas exceções. Fizeram parte do programa dois filhos de uma família brasileira que tinham 13 e 14 anos, e outros quatro que tinham 17 quando vieram. Sem exceção, os adolescentes que participaram do FIB eram presenças fortes: eram bem-preparados para a aula e participaram ativamente em discussões em sala, inclusive desafiando opiniões de outros participantes em discussões de caso e fazendo perguntas desafiadoras ao professor. Eles também contribuíram bastante nas sessões de trabalho separadas.

As empresas eram bem diversificadas. Dois terços delas eram de propriedade de um controlador (geralmente o fundador); o terço remanescente pertencia a irmãos, primos ou uma combinação de parentes. Algumas empresas representadas no programa tinham centenas de acionistas familiares, cada um com uma pequena quantidade de cotas.

Oitenta por cento das empresas estavam na primeira ou segunda geração de propriedade familiar. A mais antiga presente nesse período de 10 anos tinha 175 anos, fundada em 1839; a companhia mais antiga representada em nossos programas em seus 17 anos de existência tinha dez gerações, estabelecida em 1695.

Havia 43 setores representados no programa. Os mais típicos eram: 1. Agricultura/Alimentos/Bebidas; 2. Imóveis; 3. Construção civil; 4. Produtos de consumo; 5. Serviços de alimentação/Hospedagem.

Apesar das diferenças entre as empresas, as questões que as famílias queriam abordar no programa eram notavelmente parecidas.

A METODOLOGIA DO EXERCÍCIO DE DIÁLOGO

O diálogo intergeracional é muito organizado, com rotinas específicas no processo de facilitação em grupo, questões formais para abordar e quanto tempo dedicar a cada questão, informações a registrar no conselho, selecionar informação que é representada durante o diálogo intergeracional e como esse diálogo é estruturado e conduzido. Mesmo se os facilitadores mudaram de ano para ano, a gestão do exercício foi consistente ao longo de todos os encontros.

Para começar, as duas gerações são instaladas em salas de aula separadas, com 90 minutos para discutir – com um facilitador acompanhando a conversa – as seguintes questões complementares:

A Geração Sênior discute:

- O que a Geração Júnior deveria fazer para se desenvolver e para que esses jovens se tornem colaboradores e proprietários competentes da empresa familiar e membros colaborativos da família?
- O que podemos (a Geração Sênior) fazer para ajudá-los a se desenvolver nessas áreas?

A Geração Júnior discute:

- O que nós (a Geração Júnior) deveríamos fazer para nos desenvolver e nos tornar colaboradores e proprietários competentes da empresa familiar e membros colaborativos da família?

- O que a Geração Sênior pode fazer para ajudar nosso desenvolver nessas áreas?

Essas discussões separadas, intrageracionais, permitem aos participantes conversar mais livremente, porque tanto filhos como pais estavam fora da sala. Consultores experientes de empresas familiares que colaboram com o programa FIB são os facilitadores dessas conversas.

Um componente importante do programa envolve reuniões diárias, privadas, de cada geração com um facilitador designado para trabalhar sobre uma agenda própria. Esses "facilitadores familiares" são consultores experientes e especializados em empresas familiares em uma variedade enorme de questões típicas desse tipo de organização, negócios, propriedade e finanças. Eles dominam tópicos relacionados ao desenvolvimento de sucessores. Também participam das aulas e observam, mas não participam das discussões em sala. Os facilitadores conhecem bem o desenho, os objetivos, a estrutura e os participantes do programa FIB. Essa experiência os ajuda a orientar as discussões geracionais para maximizar as informações reunidas em 90 minutos. Ao mesmo tempo, compilam informações e evitam arbitrar ou influenciar essas discussões. Ao longo dos dez anos de dados analisados para este livro, os facilitadores dessa discussão geracional mudaram algumas vezes. Mas como o grupo como um todo modificou-se lentamente, manteve-se a consistência do estilo e da organização do exercício. Os autores também foram facilitadores do exercício de diálogo.

Em cada discussão geracional, comentários são registrados em um quadro por um facilitador enquanto um segundo consultor coordena a conversa. Perto do fim do período de 90 minutos, cada geração vota nos comentários mais importantes para compartilhar com a outra. É essa relação – um pouco simplificada – de comentários (da lista total que cada geração desenvolve) que apresentamos nesta análise; os participantes selecionaram pessoalmente os itens de maior prioridade para eles.

Depois de uma pausa para o almoço e outra aula, as duas gerações são reunidas em uma sala (com os Seniores de um lado da sala e os Juniores de outro) para revisar suas recomendações uns para os outros. Dois representantes (um homem e uma mulher) de cada geração são escolhidos pelos facilitadores para conduzir a apresentação de cada lado. A ordem de apresentação se alterna entre os dois grupos, em cada uma de três áreas de desenvolvimento: negócios, propriedade e família. Membros da mesma geração são convidados, primeiro, a comentar ou elaborar os pontos levantados pelo apresentador de cada geração. Então a outra geração pede esclarecimentos ou faz comentários sobre os pontos apresentados. O encontro dura 90 minutos. A discussão franca e construtiva entre as equipes é informativa, útil e principalmente empáticas aos pontos do outro grupo. Cada geração consegue expressar-se para a outra de modo mais direto e focado (é o que nos dizem os participantes) do que em geral conseguem fazer em família. Algumas questões sensíveis são levantadas em cada discussão, mas a maior parte das duas gerações concorda sobre o que cada uma deveria fazer e as duas expressam gratidão pelas contribuições. Há pelo menos algumas gargalhadas em cada exercício.

Este livro tem a intenção de ser um resumo conveniente e eficiente dessas conversas. Oferecemos ao leitor resumos das questões mais importantes que emergem nos encontros. Com vários milhares de dados dos dez anos em que conduzimos esse exercício, selecionamos os tópicos ou temas que receberam a maior parte da atenção e foram as prioridades dos participantes, identificados pelo número de vezes que foram mencionados nas duas gerações.

Alguns dos temas levantados pelos participantes neste exercício refletem o que foi ensinado no programa FIB, o que não surpreende. Na hora em que esse exercício acontece, na quinta-feira, o desenvolvimento dos sucessores já foi mencionado e discutido várias vezes no contexto das outras aulas. No próximo capítulo, revisaremos os conceitos importantes e as estruturas do programa de modo que você possa entender o que os participantes ouviram antes do exercício. No programa Families in Business, há uma maneira muito particular de pensar sobre o desenvolvimento da geração seguinte.

CAPÍTULO 1

REPENSANDO O DESENVOLVIMENTO DA NOVA GERAÇÃO

Antes de descrevermos os resultados do exercício de diálogo intergeracional, é importante entender as estruturas relacionadas ao desenvolvimento da nova geração que usamos no programa Families in Business. Os participantes do programa aprendem sobre essas estruturas, e, em certa medida, formatam as observações que fazem no exercício de diálogo.

Nem é preciso dizer que desenvolver a geração seguinte em qualquer tipo de família é crítico para o sucesso dela. Mesmo se você vender sua empresa e seus filhos herdarem o dinheiro em vez de uma companhia em operação, os herdeiros precisam ser preparados para administrar bem o dinheiro. Se você perdeu seu negócio e toda a sua riqueza, seus filhos precisarão estar preparados para um recomeço financeiro.

Então é compreensível que esse tópico sempre esteja na lista de questões-chave para a família e para o negócio. Quando perguntamos aos pais em empresas familiares o que lhes causa insônia, sua lista sempre começa com "meus filhos". A preocupação com os rebentos – sua felicidade, sua saúde e seu sucesso na vida – parece impressa nos circuitos dos genitores . O ciclo continua conforme a geração seguinte se torna sênior e surgem preocupações quanto à próxima etapa.

Em famílias donas de empresas, o interesse em preparar sucessores é exaltado porque sua preparação envolve diretamente sua capacidade no sentido de sustentar a organização e os bens econômicos, o legado mais amplo, a unidade e a identidade. O *momentum* de uma família e seu negócio depende muito de desenvolver uma geração seguinte comprometida, capacitada e colaborativa. Essa questão importante é abordada em várias estruturas usadas no programa Families in Business.

SISTEMA DE EMPRESA FAMILIAR – MODELO DOS TRÊS CÍRCULOS

O Modelo dos Três Círculos, que descreve um sistema de empresa familiar, é uma estrutura fundamental do programa. Criado por Renato Tagiuri e John Davis na Harvard Business School nos anos 1970, ele mostra a sobreposição entre empresa, grupo proprietário e família em determinado momento no tempo. O desenho ajuda a compreender as complexidades e os desafios da propriedade e de gerir uma empresa familiar, mas também os pontos fortes que podem surgir quando combinamos esses três grupos com seus diferentes objetivos e normas de comportamento. Ele nos lembra que é vital para empresa, grupo proprietário e família serem individualmente fortes e se apoiarem mutuamente. Os membros da geração seguinte precisam ser desenvolvidos para fortalecer cada um dos três círculos (ou subsistemas) e entender o jogo entre eles.

O modelo identifica sete subgrupos diferentes, cada um com seus pontos de vista sobre questões-chave do sistema de empresa familiar. Por exemplo, proprietários familiares não funcionários provavelmente terão uma perspectiva sobre dividendos diferente (podem querê-los) de seus parentes que trabalham na empresa familiar (estes podem ser favoráveis a reinvestir no negócio). O modelo ajuda a legitimar as várias perspectivas e opiniões existentes no Modelo de Três Círculos e reforçar o ponto em que os objetivos e visões desses setores devem ser respeitados e integrados a fim de estabelecer a direção para o sistema de negócio familiar. Ao mesmo tempo, o modelo também sugere que subgrupos diferentes têm papéis a desempenhar. Os proprietários têm um papel distinto do de membros da família ou funcionários. Os integrantes da geração seguinte precisam ser educados no Modelo dos Três Círculos para entender e respeitar as responsabilidades de cada papel no sistema.

SISTEMA DE EMPRESA FAMILIAR
MODELO DOS TRÊS CÍRCULOS

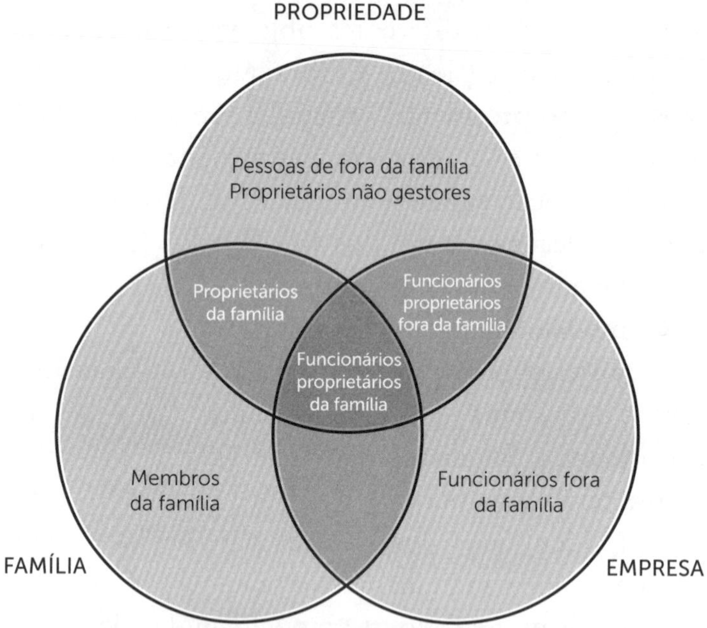

Fonte: Taguri e Davis, 1982

BASES DO SUCESSO DA EMPRESA FAMILIAR

Logo depois de explicar o Modelo dos Três Círculos, apresentamos outra estrutura: as Bases do Sucesso da Empresa Familiar, desenvolvida por John Davis. Ela reforça a ideia de que gestores, proprietários e membros da família têm um trabalho a cumprir para tornar a empresa familiar mais forte.

BASES DO SUCESSO DA EMPRESA FAMILIAR

© John A. Davis

As famílias geralmente fornecem alguns membros à equipe de gestão da empresa. Gestores da família, por representarem persistência, comprometimento, visão da qualidade e perspectiva de longo prazo da família em âmbito operacional, são uma contribuição importante para o trabalho da empresa.

Apesar das histórias dramáticas veiculadas pela mídia sobre parentes de baixo desempenho, os funcionários familiares que participam do programa Families in Business (e que nós conhecemos em nosso trabalho de consultoria), em sua maioria, são gestores trabalhadores, bem-intencionados, inteligentes, capazes e éticos. Eles são a epítome da palavra "profissional". Você provavelmente já notou que gestores que não são da família são chamados de "gestores profissionais" e os gestores da família são os "gestores da família", o que implica que esses não são profissionais. Acreditamos que isso seja um viés injusto e impreciso e reforçamos tal entendimento no programa.

Porém, nem toda família decide que fornecer gestores para a companhia é certo para a família ou para a companhia; algumas preferem ser proprietárias e dirigir, em vez de operacionalizar seu negócio. Com frequência, conforme os negócios crescem e se tornam mais complexos, os membros da família param de executar e gerenciar o trabalho para dirigir e alocar recursos a suas empresas. Eles delegam a gestão a gestores capacitados que não são parentes. Essa abordagem pode ser muito bem-sucedida. Porém, as famílias nunca deveriam perder a compreensão profunda do trabalho em seus negócios. A fim de efetivamente dirigir a própria empresa, antecipando e reagindo a desafios futuros no negócio e em seu setor de atuação, precisam permanecer bem-informadas e entender como seu ramo realmente funciona.

Reconhecer também que, por mais que funcionários não familiares contribuam muito para as empresas, eles normalmente não estão dispostos a assumir muitos riscos com os bens da família. Em cada geração, uma família precisa fazer apostas (onde alocar seu dinheiro e esforços) para aumentar sua riqueza. Essas apostas, é claro, representam algum risco mas espera-se que sejam recompensadas em longo prazo. Em geral, um membro da família precisa fazer essas apostas com o apoio do grupo. Assim, quer alguns integrantes estejam envolvidos nas operações, quer escolham papéis de governança e supervisão, precisam ser pessoas de negócio muito capacitadas.

As pessoas entendem que esses gestores capacitados e internamente alinhados são necessários para ter uma empresa duradoura e de alta performance. Menos reconhecido é que, para que os gestores possam fazer bem seu trabalho, eles também precisam estar alinhados aos objetivos dos proprietários. E estes devem estar unidos e apoiar a empresa para atuar em harmonia com os gestores. Se os proprietários não concordam com a direção ou com políticas importantes para a companhia, ou se eles tiram demais dela (dividendos insustentáveis, empregos que não merecem), enfraquecem a organização e podem até destruí-la. Lembramos as famílias donas de empresas que a propriedade deveria ser tratada como um emprego, e não como direito de nascença. Apenas membros realmente capazes de fazer o trabalho de proprietário bem-feito deveriam ser selecionados para esse papel. Como em qualquer atividade, para fazê-la bem os proprietários devem entender suas responsabilidades, manter-se informados, receber treinamento para desenvolver as habilidades apropriadas para executar suas responsabilidades de proprietário e receber feedback de desempenho e recompensas. Essa compreensão é válida para todo tipo de companhia.

Uma empresa familiar, porém, depende em última instância de ter uma família unida e contributiva. Isso começa com membros que, em sua maioria, são responsáveis, têm boas intenções, são bem ajustados, razoavelmente unidos e cuidadosos em relação um ao outro, e, principalmente, autossuficientes em termos financeiros. Essas pessoas são esforçadas – trabalham em alguma atividade que agrega valor à sociedade, desde criar boas famílias até realizar trabalhos valiosos (dentro ou fora da empresa familiar, em negócios comerciais ou sociais), contribuindo de outras maneiras com a comunidade em que estão inseridas.

Porém, uma família de negócios que faz sua parte tem outras responsabilidades. Se membros-chave não se dão bem, se alguns se tornam dependentes demais do negócio, com empregos que não merecem ou dividendos que a empresa não pode pagar, se desenvolvem uma "má" reputação, as bases do grupo são enfraquecidas. Uma família fraca pode erodir a estabilidade do grupo proprietário e ameaçar o sucesso do empreendimento. O "emprego" de parentes no sistema de empresa familiar inclui:

1. Garantir que a família seja unida e esforçada, e que tenha uma "marca" forte.
2. Ajudar todos os membros a entender a empresa familiar.
3. Fornecer proprietários, membros do conselho e gestores talentosos para a companhia.
4. Garantir que esses pontos importantes sejam bem administrados, alinhados e que as pessoas desempenhem com responsabilidade. A empresa familiar precisa desenvolver uma nova geração que compreenda com clareza suas responsabilidades e que esteja pronta para agir de acordo.

EMPREENDIMENTO FAMILIAR

Uma empresa familiar costuma ser o bem mais importante da família e sua atividade central. Mesmo famílias que venderam suas companhias em operação e estão administrando bens financeiros, ou simplesmente têm um escritório, precisam considerar seus investimentos financeiros como seu "novo" empreendimento.

Uma empresa familiar, mesmo sendo central para uma família, é apenas um aspecto do "empreendimento" geral do grupo. Um empreendimento familiar é a coleção das atividades significativas da família e dos interesses econômicos que ajudam a identificá-la, dar-lhe suporte e uni-la. Um empreendimento familiar pode incluir:

- A empresa familiar (em geral um ou mais negócios centrais em operação).
- Negócios não centrais.
- Novos empreendimentos.
- Escritório da família ou escritório de investimentos.
- Outros bens financeiros ou investimentos.
- A fundação ou atividades filantrópicas da família.
- Bens da família: propriedades, imóveis etc.
- Atividades sociais, políticas, religiosas e comunitárias.
- Vida familiar: vida cotidiana, tradições familiares, encontros sociais.
- Talentos familiares: habilidades e compreensão dos membros da família e seu desenvolvimento.
- Outras atividades significativas.

Todas as atividades e interesses econômicos da família precisam ser bem-orientados, geridos e governados; do contrário, podem surgir problemas que se propagam para outras atividades e para o próprio grupo. O objetivo é organizar e gerir seu empreendimento de modo que ele seja produtivo como um todo, atinja os objetivos da família e possa ter continuidade na próxima geração.

EMPREENDIMENTO FAMILIAR

© John A. Davis

Uma vez que a família empresária esclareça bem qual é seu empreendimento familiar, ela começa a compreender sua missão como uma extensão para além da empresa.

As famílias que definem seu empreendimento também reconhecem que há uma quantidade de papéis importantes a preencher para garantir que as atividades do grupo e os bens sejam bem-geridos em termos administrativos e de governança: o líder empresarial, os gestores, os membros do conselho do negócio, os proprietários, o empreendedor, os membros do conselho da família, o líder dessa instância, o líder da fundação filantrópica e os membros desse conselho, os membros do conselho do escritório familiar etc. A próxima geração precisa estar preparada para atuar em todos esses papéis.

GOVERNANÇA DO SISTEMA DE EMPRESA FAMILIAR

Isso nos leva ao tópico da governança, que discutimos com frequência no programa FIB. Praticar a governança, explicamos, é uma atividade que visa trazer estabilidade e adaptabilidade a uma organização, seja uma empresa, seja uma família ou uma organização social. Em contraste, liderar oferece um rumo e ajuda um grupo a mudar, e gerir focado em atingir a efetividade operacional. Uma única pessoa pode ser efetiva em liderar (ajudar um grupo a desenvolver um rumo ou ajudá-lo a mudar), gerir (ajudar a organizar, escalar uma equipe e controlar as atividades de modo a funcionarem com eficiência) e praticar a governança (fazer coisas que resultam na estabilidade e na adaptabilidade do grupo).

A governança pode ser conseguida em alguns grupos de modo bastante informal ou pessoal. Um líder de confiança poderia tomar algumas decisões ou ser a pessoa que media discussões, oferecendo uma noção de estabilidade e adaptação apoiadora no grupo. Ou o líder pode ajudar a desenvolver novas políticas e novos procedimentos para tomar decisões conforme as necessidades.

Porém, em geral é importante formalizar a governança em alguma medida – ou seja, ter planos, políticas, acordos escritos e alguns fóruns (como um conselho de diretores ou um conselho familiar) nos quais as pessoas se encontram para deliberar e tomar certas decisões. Dizemos às famílias que "a estrutura é sua amiga" e defendemos fóruns, políticas e acordos "apenas suficientes" para permitir que o negócio, o grupo de proprietários e a família se sintam engajados e tenham um ambiente em que aconteçam as discussões importantes, em que decisões ponderadas sejam tomadas de maneira oportuna e pessoas sejam tratadas com justiça.

Os fóruns de governança que vemos nas empresas familiares geralmente são os apresentados na página a seguir.

Os membros da nova geração da família precisam ser desenvolvidos para desempenhar papéis nesses fóruns, especialmente o conselho da empresa e o conselho da família.

FÓRUNS DE GOVERNANÇA NO SISTEMA DE EMPRESA FAMILIAR

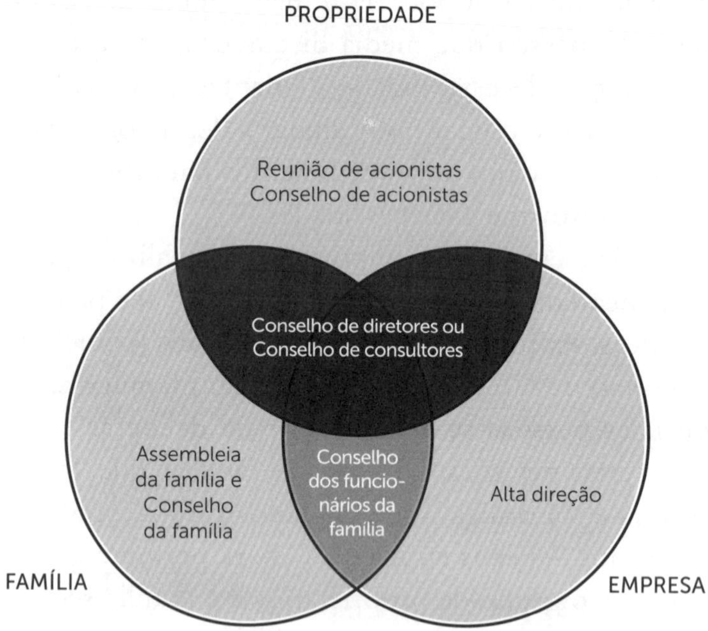

Fonte: Taguri e Davis, 1982

SUSTENTABILIDADE DA FAMÍLIA

A última estrutura conceitual que precisamos rever é o modelo "clímax", que explica como as famílias permanecem bem-sucedidas ao longo das gerações. Depois de 30 anos estudando famílias, seus negócios e seus empreendimentos mais amplos, John Davis desenvolveu uma explicação para o sucesso e a sustentabilidade de longo prazo em três aspectos:

ESTRUTURA DA SUSTENTABILIDADE DA FAMÍLIA

© John A. Davis

Crescimento dos bens da família. O primeiro aspecto é que as famílias devem aumentar o valor de seus negócios e recursos financeiros em velocidade mais rápida do que o próprio crescimento e do que suas várias organizações consomem esses recursos. O princípio é simples de entender, mas não tão fácil de ser conquistado. As famílias tendem a crescer significativamente ao longo das gerações; as despesas para arcar com o estilo de vida também aumentam conforme elas se tornam bem-sucedidas; e muitos membros tendem a se tornar financeiramente dependentes da empresa e de outros bens do grupo. Combinados, esses fatores podem criar um pesado fardo para uma empresa familiar carregar. Acrescente a isso as despesas gerais da organização e as perdas normais do negócio e tem-se um sério desafio à solvência. Para que os bens totais da família cresçam ao longo do tempo, costuma ser necessário partir para uma diversificação prudente e assumir riscos e impor restrições à família e ao consumo dos recursos do negócio e dos criadores de riqueza do grupo.

Desenvolvimento do talento da família. O segundo aspecto imperativo é atrair talentos de fora para o empreendimento familiar e também explorar os que existem internamente. Colaboradores externos devem ser recrutados e desenvolvidos a fim de ajudar a administrar setores do negócio. As famílias, porém, precisam também investir em seus membros, de modo que eles possam orientar e contribuir para o empreendimento conforme suas aptidões e seus interesses sugerirem.

Unidade da família. Finalmente, as famílias devem permanecer razoavelmente unidas a fim de sustentar seu negócio em longo prazo. A unidade (que é diferente da harmonia da família) é a capacidade de todos permanecerem juntos em torno de propósito, metas, abordagens e princípios da organização familiar. Ter um ou mais membros com talento para construir tal situação pode ser tão importante quanto ter criadores de riqueza.

Esses três fatores são vitais para o sucesso contínuo da família. Equilibrá-los é uma verdadeira arte.

***

A partir desses conceitos e termos básicos usados no programa Families in Business, estamos prontos para nos voltar ao exercício intergeracional relativo ao desenvolvimento da geração seguinte.

Desde o começo do estudo das empresas familiares nos anos 1970, os problemas da preparação dos herdeiros como precursores da sucessão eficaz têm sido estudados. Mas, até recentemente, o desenvolvimento da geração seguinte se concentrou muito em ajudar famílias a identificar e melhorar a aparência do próximo líder. Nos anos 1990, consultores e acadêmicos começaram a ensinar às famílias as responsabilidades que envolvem a propriedade e a ajudar a as pessoas da nova geração a se prepararem para ser boas proprietárias. Também nos anos 1990, a área foi além do foco na posição do CEO e do grupo proprietário para enfatizar a necessidade de desenvolver os membros no sentido de serem indivíduos diligentes e colaborativos. Na última década, a área expandiu seu escopo para o desenvolvimento do talento familiar a fim de preencher os muitos papéis que delineamos aqui.

Neste breve livro, nos concentraremos nos papéis que discutimos durante o diálogo intergeracional no programa Families in Business da Harvard – que são os de gestores da empresa familiar, proprietários da empresa familiar e membros da família que contribuem com a empresa. Sem integrantes capacitados nesses três papéis, o negócio está em risco. Vamos explorar cada um deles.

Seis temas

Conforme analisamos os milhares de comentários de ambas as gerações, emergiram seis temas que usaremos para explicar os resultados de nossa análise:

1. Educação é o tema mais comum citado tanto pela Geração Júnior como pela Sênior. Nesse contexto, trata-se de buscar educação formal e informal, treinamento, desenvolvimento de habilidades, ganho de conhecimento e compartilhamento de informação. O processo pode envolver concluir uma graduação ou pós-graduação, cursar um programa de educação executiva, assistir conferências, participar de treinamento no local de trabalho, realizar leituras e obter informação de outras fontes. Ambas as gerações acreditam que há benefícios se os sucessores forem bem-treinados e bem-informados, quaisquer que sejam os papéis.

2. Características pessoais essenciais são os comportamentos, compromissos, valores, crenças e padrões que os membros da família precisam ser capazes de fornecer como gestores, proprietários ou membros. Essas características podem incluir humildade, comprometimento e empenho em buscar oportunidades de educação, entre outras.

3. Governança se refere a todas as atividades que criam estabilidade e facilitam a adaptabilidade na companhia, no grupo proprietário ou na família. Essas atividades incluem papéis de esclarecimento (quem faz o quê), definir quem tem que autoridade, responsabilidades e direitos, desenvolver canais de comunicação apropriados, definir afirmações de orientação, como a missão da família, e criar acordos, como o de acionistas.

4. Atividades de desenvolvimento individual moldam os membros ao construir autoconsciência e compreensão de si mesmos e de suas responsabilidades. Isso pode incluir habilidades individuais e avaliações de estilo, coaching e mentoring.

5. Experiências e desafios reais se referem a atividades da vida como estágios, rodízios em diferentes departamentos da companhia, participação em conselhos fora da empresa familiar e em projetos especiais, como por exemplo reverter um projeto em declínio – todos com a motivação de ganhar uma experiência real e assim aprender com ela.

6. Planejamento sucessório diz respeito ao processo de transição de liderança e propriedade para a geração seguinte. Isso envolve deixar ir e assumir a responsabilidade pelos papéis e ter autoridade, assim como planejar a transição real.

Esses seis temas podem ser organizados em torno de três atividades fundamentais: planejar o desenvolvimento da nova geração; preparar seus integrantes

ESTRUTURA PARA O DESENVOLVIMENTO DA NOVA GERAÇÃO NO SISTEMA DE EMPRESA FAMILIAR

1. PLANO
Governança, planejamento sucessório

3. DESEMPENHO
Experiência e desafios reais
Características pessoais essenciais

2. PREPARAÇÃO
Educação
Atividades de desenvolvimento individual

para os futuros papéis; e ter bom desempenho como membro da nova geração no papel.

Vamos ouvir o que os membros das Gerações Júnior e Sênior têm a dizer sobre como preparar a geração seguinte para esses papéis.

CAPÍTULO 2

COMO TRANSFORMAR OS HERDEIROS EM GESTORES EFICAZES

A partir dos seis temas descritos no capítulo anterior, vamos entender como as duas gerações compreendem o desenvolvimento dos membros da nova geração como gestores eficientes. Mais uma vez, pedimos a cada geração que considerasse:

1. O que os membros da Geração Júnior devem fazer para se desenvolver como gestores eficientes.
2. O que os membros da Geração Sênior podem fazer para ajudar os membros da Geração Júnior se tornarem gestores eficientes.

O QUE A GERAÇÃO JÚNIOR DEVERIA FAZER

Nesta seção, descrevemos o que ambas as gerações dizem que os membros da Geração Júnior deveria fazer para serem gestores eficientes. Começamos com áreas de concordância entre os dois grupos e então descrevemos de que maneiras elas divergem. Ambas enfatizaram que os seguintes quatro temas devem ser perseguidos pelos sucessores:

1. Educação.
2. Características pessoais essenciais.
3. Atividades de desenvolvimento individual.
4. Experiências e desafios reais.

Vamos descrever cada um dos temas. Do que pudemos entender a partir das discussões, todos consideram os quatro temas igualmente importantes.

1. EDUCAÇÃO

Concordância entre as gerações

Educação formal pode envolver concluir uma graduação ou mestrado ou fazer cursos que melhorem a compreensão quanto ao negócio. Ambas as gerações acreditam que a educação formal oferece o aprendizado fundamental para se obter os conhecimentos, habilidades e ferramentas básicos que ajudam os membros da geração seguinte da família a se tornar gestores eficientes. A educação continuada ao longo da carreira (por meio de programas de educação executiva, conferências e associações como a Young President's Association, YPO) também é frequentemente mencionada como importantes.

Por mais que a educação formal seja vista como importante, não é considerada suficiente para desenvolvimento das habilidades e conhecimento de gestão. Experiência do mundo real em negócios também é um aspecto visto como necessário para desenvolver uma pessoa para ser boa em gestão, e, especialmente, para liderar. Na verdade, os comentários destacam uma forte ênfase de ambas as gerações em aprender tanto quanto possível sobre todos os aspectos da empresa familiar, incluindo seus pontos fortes e fracos. Em discussões entre gerações, ambas dizem que a Júnior deve entender as necessidades do negócio, como ele funciona e as maneiras como pode ser melhorado, além das prioridades da gestão e do conselho. Concordam que os Juniores precisam construir um vocabulário de negócios para participar das discussões sobre a empresa.

Ambas as gerações também observam a importância de adquirir habilidades profissionais e conhecimentos relevantes para um trabalho específico. As habilidades mais mencionadas pelas duas gerações são: aprender a se comunicar e aprender a ouvir bem.

Este tópico (desenvolver a geração seguinte) costuma levar a uma discussão (nas discussões separadas e conjuntas) sobre como criar um profissional e um ambiente de negócio meritocráticos em que os membros da família são igualmente ou até mais preparados para ocupar os cargos do que os profissionais de fora do círculo. Tal preparação ajuda a empresa a garantir sua capacidade de atrair e manter talento de alto nível que não seja da família. A ênfase na profissionalização da família também é um tema do programa Families in Business.

Divergências entre as gerações

Uma análise dos dados revela várias diferenças nas perspectivas de cada geração sobre como desenvolver os sucessores para serem gestores eficientes. Para começar, a Geração Júnior enfatiza a importância de ganhar conhecimento profissional (ou seja, "aprender sobre o mercado" e "aprender sobre a empresa"), enquanto a Sênior destaca aprender sobre história, propósito e valores da companhia (ou seja, "entender a história e a missão" e "entender a cultura e os valores da companhia").

Na discussão dentro da própria geração e na conversa com os Seniores, a Geração Júnior descreve que sente uma tremenda pressão e urgência para provar que merece sua posição e que pode ter um bom desempenho. Os integrantes quase imploram aos Seniores para serem vistos como adultos profissionais, colaborativos e competentes. Esses, por sua vez, se preocupam que os Juniores não apreciem a base de trabalho duro e os valores da companhia em que estão ingressando. É difícil dizer quão bem cada lado ouviu o outro.

2. CARACTERÍSTICAS PESSOAIS ESSENCIAIS

Concordância entre as gerações

Há uma forte concordância entre as duas gerações quanto às características necessárias para que os Juniores sejam bem-sucedidos como gestores. Ambos os grupos destacam a importância de os sucessores trabalharem duro e geralmente mais do que os demais funcionários. As duas também reforçaram a necessidade de estabelecer um exemplo positivo, ser paciente, demonstrar paixão pelo negócio e respeito pelos outros, ser humilde, ouvir os outros e ser fiel aos valores da família. Ambos parecem reconhecer que se os membros da Geração Júnior não conseguirem se conectar com os outros em nível humano, e especialmente com líderes da família e fora dela, e se não souberem representar positivamente a família e a empresa, será mais difícil para eles serem eficientes na organização.

Divergências entre as gerações

Há algumas divergências entre as gerações a serem observadas, mas o interessante é que as respostas da Geração Júnior para este tópico em particular são mais gerais, enquanto as respostas da Geração Sênior são mais específicas. Por exemplo, os Juniores afirmam que precisam "demonstrar respeito" aos outros, enquanto os Seniores dizem que deve-se "demonstrar respeito, tratar os outros como você gostaria de ser tratado". Ou os Juniores afirmam "servir de exemplo" e a Geração Sênior diz mais especificamente "ser responsável, arcar com as responsabilidades, admitir seus erros". Essa diferença talvez se deva ao fato de que os Seniores têm muito mais experiências íntimas relativas a este tópico e sabem mais especificamente o que precisa ser feito para ser bem-sucedido. Você pode comparar os comentários por sua conta, pois uma amostra das respostas de cada geração é fornecida no fim de cada capítulo.

3. ATIVIDADES DE DESENVOLVIMENTO INDIVIDUAL

Concordância entre as gerações

Ambas as gerações listam as seguintes atividades como chave para o desenvolvimento individual:

- Identificar interesses individuais, pontos fortes e fracos.
- Desenhar um plano de carreira.
- Estabelecer um plano de desenvolvimento, buscar treinamento e desenvolvimento.
- Buscar avaliações de performance e feedback.
- Encontrar um mentor e recorrer a coaching (recursos não familiares às vezes são recomendados).

Isso indica que ambas as gerações entendem as atividades de desenvolvimento individual como um processo que envolve vários passos e recursos, acontecendo ao longo do tempo.

Divergências entre as gerações

Apesar das similaridades nas ações prescritas, as duas gerações usam uma linguagem que ilumina uma diferença total na forma como eles veem esses papéis. A linguagem usada pela Geração Sênior indica que vê o desenvolvimento de seus filhos do ponto de vista do pai ou da mãe. Eles descrevem o desenvolvimento da carreira deles usando termos carinhosos, pessoais: "identificar seus sonhos e correr atrás deles", "buscar ajuda, discutir dificuldades, interesses e preocupações" e "definir experiências significativas de empregos de verão/ estágios". A Geração Sênior quer ver os Juniores crescerem e se desenvolverem profissionalmente, mas também querem ter certeza de que os filhos são felizes e encontraram carreiras significativas. A Geração Júnior, por sua vez, diz que quer ser tratada como profissional.

4. EXPERIÊNCIAS E DESAFIOS REAIS

Concordância entre as gerações

Ambas as gerações acreditam no valor das experiências e dos desafios reais para construir a capacitação em gestão e as habilidades de liderança da Geração Júnior. Ambas veem o valor da experiência de trabalho dentro e fora da empresa como importantes para ganhar habilidades relevantes e credibilidade profissional na prática. Ambas reconhecem a importância de os membros da nova geração estabelecerem relações de trabalho respeitosas com os funcionários da empresa e se tornarem jogadores de alta performance no time.

Divergências entre as gerações

Apesar de as duas gerações reconhecerem o valor de se ter experiências e desafios reais, seus motivos para adquiri-los parecem divergir levemente. O principal objetivo da Geração Júnior parece ser demonstrar que é capaz de um dia liderar a empresa familiar e as respostas estão mais relacionadas a provar a própria competência. Por exemplo, ao recuperar uma área do negócio com baixa performance (uma tática sugerida no programa); demonstrar capacidade de entregar resultados; e integrar as associações de classe para provar que se importa com o setor de atuação da empresa.

A Geração Sênior também vê o fato de ter experiências e desafios reais como uma forma de os Juniores revelarem competência, mas seu foco está na colaboração entre Juniores e Seniores que já estão na equipe de gestão, e demonstrar humildade, um forte senso ético e inteligência emocional. Os mais velhos também querem que os sucessores usem o trabalho para descobrir o que amam fazer e para que sejam capazes de se manter sozinhos financeiramente. Mais uma vez, esses comentários mostram que os Seniores pensam mais como pais do que como chefes.

O QUE A GERAÇÃO SÊNIOR PODE FAZER

Quando se considera o que a Geração Sênior pode fazer para desenvolver os integrantes da Geração Júnior como gestores efetivos, os temas mencionados com mais consistência são:

1. Características pessoais essenciais.
2. Atividades de desenvolvimento individual.
3. Experiências e desafios reais.

1. CARACTERÍSTICAS PESSOAIS ESSENCIAIS

Concordância entre as gerações

Ambas as gerações concordam que os Seniores precisam reconhecer e orientar os Juniores no sentido de se tornarem indivíduos talentosos e adultos profissionais. Porém, seus comentários mais detalhados sobre o papel dos Seniores são bem diferentes.

Divergências entre gerações

A Geração Sênior vê seu papel como o de mentora da nova geração, com responsabilidades como "ser um bom exemplo", "ter tempo para ajudar os Juniores a pensar nas lições aprendidas" e "ajudá-los a permanecer interessados e conectados ao negócio". Seus comentários geralmente são muito focados em desenvolver a nova geração como líderes sábios com bons valores. Para a maioria, a Geração Júnior quer ser bem-tratada e digna de confiança como colaboradores profissionais. Os Juniores pedem aos membros da família da Geração Sênior que "estejam abertos a novas abordagens", "separem o papel da família e o papel gerencial do negócio" e "tratem os Juniores como profissionais". Os Juniores não são totalmente consistentes, porém. Escorregando para o papel de filhos, também pedem aos pais que "os encorajem e reconheçam as conquistas e sonhos da Geração Júnior".

É comum nas discussões intergeracionais que os Juniores relembrem os Seniores de que eles já foram jovens e inexperientes, e que deveriam se lembrar como é estar nessa posição, mas descobrimos que lembrar a perspectiva da geração mais nova é algo difícil para os seres humanos. Uma vez que saíram de um estágio específico da vida, parece difícil para as pessoas voltar àquela visão da vida. Isso pode ajudar a explicar algumas das dificuldades que pais e filhos têm para comunicar as questões nas quais têm muito a perder.

2. ATIVIDADES DE DESENVOLVIMENTO INDIVIDUAL

Concordância entre as gerações

As duas gerações concordam amplamente no que a Geração Sênior pode fazer para ajudar os Juniores em suas atividades de desenvolvimento individual:

- Discutir as experiências, os erros e a sabedoria intuitiva dos Seniores, às vezes citada como "ingrediente secreto".
- Ajudar os Juniores a criar um plano de desenvolvimento e uma trajetória de carreira.
- Fornecer feedback efetivo.
- Desenvolver o plano de coaching e mentoring.

Acreditamos que essas ferramentas de desenvolvimento são facilitadas com processos para todos os colaboradores (não só os da família). Muitas vezes, é também mais efetivo ter gestores não familiares ou profissionais terceirizados supervisionando esses processos para membros da família.

Divergências entre gerações

A diferença notável nas respostas entre as gerações é que as da Geração Júnior refletem mais uma vez um tom mais profissional. Seus integrantes recomendam que a Geração Sênior os tratem da mesma forma que tratam outros colaboradores quando se trata de atividades de desenvolvimento individual. Em contraste, as respostas da Geração Sênior assumem um tom de mentoria (e talvez parental). Os Seniores descrevem ajudar os Juniores a se tornar gestores efetivos usando uma abordagem mais individualizada: "criar um plano de desenvolvimento customizado" e "oferecer assistência especial".

3. EXPERIÊNCIAS E DESAFIOS REAIS

Concordância entre as gerações

Há comentários muito similares das duas gerações sobre a Geração Sênior que oferece experiências e desafios reais para ajudar os membros da Geração Júnior se tornarem gestores efetivos. Ambos os grupos concordam que os Seniores deveriam oferecer "uma ampla gama de oportunidades, experiências e desafios" dentro da empresa e permitir que os Juniores ganhassem experiência de trabalho fora da empresa. Eles também concordam que os mais velhos deveriam dar aos sucessores "espaço" para o desenvolvimento, o que significa a oportunidade de fazer coisas do jeito deles e aprender com essas experiências.

Divergências entre as gerações

As duas gerações também divergem, apesar de apenas ligeiramente. Apesar de ambas reforçarem que os Seniores precisam permitir que os Juniores cometam erros, os primeiros consistentemente acrescentam que precisam também permitir que os segundos se recuperem de seus erros e fracassos. É interessante notar que os sucessores nunca mencionam seus erros. Somos levados a especular que não esperam fracassar, enquanto os Seniores entendem o fracasso como parte do desenvolvimento. Também, como pais, podem ficar preocupados com o fracasso de seus filhos e esse sentimento emerge quando pensam neles tentando algo novo.

Para nós, também é interessante notar que apenas os Seniores mencionam que os Juniores deveriam ser expostos a experiências no negócio a uma idade precoce. Eles acreditam que os herdeiros podem não querer ser expostos à empresa familiar até se sentirem prontos para isso.

Um resumo dos comentários das duas gerações encontra-se no fim de cada capítulo.

TABELA 1

O que os membros da Geração Júnior deveriam fazer para se desenvolver como gestores efetivos?

Tema: Educação

A GERAÇÃO JÚNIOR DIZ	A GERAÇÃO SÊNIOR DIZ
• Aprender sobre diferentes aspectos da empresa • Aprender sobre o setor • Aprender habilidades de comunicação • Estudar de forma geral	• Compreender os diferentes aspectos da empresa • Desenvolver a comunicação e a capacidade de ouvir • Desenvolver as habilidades e as competências exigidas • Tornar-se bem-educado • Aprender a ser responsável • Aprender os valores, a cultura, a história e a missão da empresa

TABELA 2

O que os membros da Geração Júnior deveriam fazer para se desenvolver como gestores efetivos?

Tema: Características pessoais essenciais

A GERAÇÃO JÚNIOR DIZ	A GERAÇÃO SÊNIOR DIZ
• Trabalhar mais do que os outros • Ser um exemplo; ser um modelo a seguir; seguir os valores da família • Ser apaixonado; amar o negócio • Ter orgulho do negócio e da família • Ser gentil e afetuoso; demonstrar respeito • Ser disciplinado • Ouvir • Ser discreto • Representar bem a família no local de trabalho; demonstrar valores familiares • Sentir-se confiante e confortável • Ser proativo; tomar a iniciativa; demonstrar compromisso, interesse e desejo de aprender	• Trabalhar duro • Ser responsável e assumir a responsabilidade; admitir os erros • Ser apaixonado e positivo • Demonstrar respeito: tratar os outros como gostaria de ser tratado; reconhecer as contribuições dos demais • Ser justo e ético; agir com integridade • Ser humilde e paciente; não ver o emprego como direito inato • Ouvir

TABELA 3

O que os membros da Geração Júnior deveriam fazer para se desenvolver como gestores efetivos?

Tema: Atividades de desenvolvimento individual

A GERAÇÃO JÚNIOR DIZ	A GERAÇÃO SÊNIOR DIZ
• Identificar pontos fortes, fracos e interesses; desenvolver uma trajetória de carreira • Pedir feedback; procurar avaliação de desempenho • Buscar treinamento e desenvolvimento • Ter um mentor; receber a mentoria de alguém de fora da família • Perguntar para a Geração Sênior sobre lições aprendidas	• Identificar pontos fortes e fracos; criar um plano de desenvolvimento • Aprender a receber feedback; buscar avaliações de desempenho • Buscar treinamento e desenvolvimento • Encontrar um mentor; buscar coaching • Discutir e buscar assistência para as dificuldades, os interesses e as preocupações • Identificar seus sonhos e persegui-los • Executar trabalhos de férias, estágios e experiências significativos

TABELA 4

O que os membros da Geração Júnior deveriam fazer para se desenvolver como gestores efetivos?

Tema: Experiências e desafios reais

A GERAÇÃO JÚNIOR DIZ	A GERAÇÃO SÊNIOR DIZ
• Obter experiências de trabalho dentro e fora da empresa para desenvolver competências profissionais e habilidades de liderança • Reverter projetos fracassados para criar confiança, credibilidade e reputação profissional; demonstrar que é orientado à performance • Cultivar relacionamentos funcionais com colaboradores; entender suas necessidades e ganhar seu respeito • Fazer parte de associações do setor	• Obter experiência de trabalho interna ou fazer um estágio em idade precoce; obter experiência de trabalho externa em uma empresa de nível internacional ou como empreendedor • Ganhar experiência relevante e aprender com experiências passadas • Identificar e desenvolver seus talentos, pontos fortes e paixão; construir habilidades de liderança • Demonstrar uma conduta de trabalho ético forte • Cultivar relacionamentos com colegas • Demonstrar inteligência emocional, humildade e conquistar respeito • Aprender a receber ordens, cometer erros e trabalhar em equipe • Aprender a se autoapoiar

TABELA 5

O que a Geração Sênior pode fazer para ajudar os membros da Geração Júnior a se desenvolver como gestores efetivos?

Tema: Características pessoais essenciais

A GERAÇÃO JÚNIOR DIZ	A GERAÇÃO SÊNIOR DIZ
• Ser aberto a novas abordagens • Reconhecer nossas realizações e conquistas • Respeitar nossa individualidade e modo de trabalhar, administrar e liderar • Entender nossos pontos fortes e fracos • Não interferir ou microgerenciar • Remunerar-nos e tratar-nos como aos outros colaboradores • Não trazer os problemas da família para o negócio • Lembrar-se de seu próprio começo • Não nos desautorizar • Confiar em nós	• Ser aberto • Encorajar e reconhecer nossas realizações e nossos sonhos • Ser um bom exemplo • Ter tempo para focar em lições positivas aprendidas e não em críticas negativas • Compartilhar nossa paixão; mantê-los interessados e conectados à empresa familiar • Comunicar-se • Saber quando você está usando o chapéu da família ou o da empresa • Lembrar-se da Regra de Ouro • Confiar em nós

TABELA 6

O que a Geração Sênior pode fazer para ajudar os membros da Geração Júnior a se desenvolver como gestores efetivos?

Tema: Atividades de desenvolvimento individual

A GERAÇÃO JÚNIOR DIZ	A GERAÇÃO SÊNIOR DIZ
• Compartilhar suas experiências e "ingrediente especial" • Ajudar-nos a desenvolver o mapa de nossa trajetória de carreira • Engajar pessoas de fora da família em nosso desenvolvimento • Oferecer avaliações objetivas de desempenho e feedback positivo • Liderar pelo exemplo; expressar as regras e suas expectativas • Dar apoio (emocional e financeiro) a nosso treinamento e educação • Tratar-nos como adultos profissionais, como somos valiosos e valorizados; apoiar e encorajar publicamente • Oferecer-nos coaching contínuo	• Criar um plano de desenvolvimento que seja customizado para o indivíduo; fornecer recursos de desenvolvimento • Fornecer feedback de performance objetivo e assistência especial quando necessário • Dar a opção de se tornar gestor • Oferecer coaching e mentoring para ajudá-los a descobrir seus sonhos; discutir os erros que cometemos • Oferecer encorajamento e validação desde cedo; demonstrar apreço • Ser um exemplo de boas habilidades gerenciais • Confiar e empoderar

TABELA 7

O que a Geração Sênior pode fazer para ajudar os membros da Geração Júnior a se desenvolver como gestores efetivos?

Tema: Experiências e desafios reais

A GERAÇÃO JÚNIOR DIZ	A GERAÇÃO SÊNIOR DIZ
• Deixar que cometamos erros • Dar-nos responsabilidade • Fornecer desafios e experiências amplas • Estimular-nos a oportunidades de crescimento, tanto dentro como fora da empresa • Dar-nos treinamento e espaço para nos desenvolvermos	• Deixá-los cometer erros, fracassar e se recuperar • Criar oportunidades e desafios para eles • Expô-los ao negócio desde cedo • Permitir a eles ganharem experiência de trabalho externa • Dar-lhes espaço para o pensamento criativo e estratégico

CAPÍTULO 3

COMO TRANSFORMAR OS HERDEIROS EM BONS PROPRIETÁRIOS

Um grupo proprietário forte garante estabilidade, visão e capital ao negócio. Famílias donas de empresas estabelecem uma base especialmente sólida de propriedade porque os donos costumam manter suas ações por muito tempo, são leais à organização e levam os interesses de longo prazo do negócio no coração. Devido ao orgulho que têm da companhia e ao senso de gestão, bons proprietários reinvestem de maneira agressiva em seus empreendimentos, retirando apenas dividendos sustentáveis, o que dá a elas uma vantagem financeira inegável. Proprietários ruins, por outro lado, às vezes tratam a empresa como sua carteira, cortando vagas importantes e recursos necessários. Esse tipo de empresário também discorda frequentemente quanto às metas e políticas, o que pode confundir a gestão e semear a discórdia interna.

Em empresas privadas e em empresas familiares, o poder final da tomada de decisão está com os donos. Por isso, dizemos que as famílias precisam aprender o que significa ser proprietários competentes de suas companhias e transmitir isso para as pessoas certas da geração seguinte – não necessariamente para todos os herdeiros. O senso de propriedade em um negócio familiar é um trabalho e precisa ser tratado dessa forma, pois não é um direito de nascença. É um privilégio, e privilégios são conquistados, não dados. Tanto Seniores como Juniores do programa Families in Business concordam com esse princípio. Porém, é mais fácil falar do que implementar. A implementação depende da cultura da família, da efetividade do diálogo e da comunicação interna, da qualidade de governança estabelecida e, é claro, do desejo da Geração Sênior e do líder do negócio de fazer valer esse princípio.

No programa Families in Business, passamos um bom tempo discutindo o senso de propriedade. Discutimos tópicos como as qualificações necessárias para esse papel, seus direitos e suas responsabilidades; o comportamento apropriado acionista; a importância de manter relações construtivas entre os proprietários; os benefícios dos acordos de acionistas; como transmitir o senso de propriedade; e como preparar a geração seguinte para ser bons proprietários.

Na discussão intergeracional, perguntamos o que ambos os grupos podem fazer para desenvolver os sucessores e transformá-los em proprietários capazes. Os herdeiros com frequência expressam uma frustração em relação a não saber se ou quando se tornarão proprietários, ou quanto de propriedade receberão. Querem saber mais sobre os planos de transição de propriedade da Geração Sênior. A Geração Sênior, nas famílias do programa FIB, raramente são tão transparentes em relação ao senso de propriedade quanto a Geração Júnior gostaria. Os Seniores também não têm um plano de transição de propriedade, ou não se sentem à vontade ao discuti-lo, especialmente se seus herdeiros receberão parcelas ou tipos diferentes de propriedade. Encorajamos a Geração Sênior a planejar logo a transição em suas empresas (reconhecendo que os planos podem mudar), a desenvolver qualificações para a geração seguinte se tornar proprietária e a construir bens financeiros fora do negócio para passar aos membros da geração seguinte que não querem ou não se qualificam para ser proprietários. Os donos atuais sempre têm o direito de decidir como transmitir sua propriedade, mas encorajamos os Seniores a dialogar com a nova geração, compreender seus interesses, ter certeza de que suas metas foram entendidas e compartilhar seus planos com os sucessores. Da mesma forma, encorajamos a Geração Júnior a compartilhar seus interesses, demonstrar que merece ser proprietária e ser paciente.

Vamos explorar as perspectivas das gerações Sênior e Júnior quanto à propriedade. Pedimos que cada geração considerasse:

1. O que a Geração Júnior deveria fazer para se desenvolver como proprietários efetivos; e
2. o que a Geração Sênior pode fazer para ajudar os membros da Geração Júnior a se tornar proprietários efetivos.

O QUE A GERAÇÃO JÚNIOR DEVERIA FAZER

Quando se considera o que os herdeiros deveriam fazer para se tornar proprietários competentes, tanto os comentários da Geração Sênior como os da Júnior seguem em grande medida os temas a seguir:

1. Educação.
2. Características pessoais essenciais.
3. Governança.

1. EDUCAÇÃO

Concordância entre as gerações

Conforme os participantes do programa FIB começam a entender a diferença entre as questões da família e as da propriedade, eles se tornam fortes candidatos a educar a família quanto a seus papéis, suas responsabilidades e seus direitos de proprietário. Tanto a Geração Júnior como a Sênior concordam que a primeira deveria ter uma sólida compreensão do que significa ser um proprietário efetivo, incluindo qual é ou não seu papel. Eles aprendem sobre os importantes mas limitados deveres dos proprietários: eleger membros do conselho, ajustar periodicamente os regulamentos corporativos e os acordos de acionistas, decidir sobre questões importantes que afetam a natureza fundamental da companhia (por exemplo, se deveriam vender o negócio) e talvez apontar auditores (em alguns países os proprietários não fazem isso). Para se desempenhar bem, é importante que os proprietários saibam o que a empresa faz, seu modelo de negócio, como funciona sua equipe de gestão e a composição do conselho e seu desempenho. Uma habilidade muito útil é ser capaz de ler as informações financeiras da empresa e outros relatórios que informem sobre o desempenho e a sustentabilidade do negócio.

Ambas as gerações concordam que os Juniores deveriam não só entender o presente mas também tentar compreender a história e o legado da família e da empresa de modo a valorizar o que veio antes deles. Deveriam também estudar a área de atuação da empresa, para onde ela vai se mover no futuro e onde o negócio está localizado no ciclo de vida do setor (outra lição do programa), a fim de antecipar os desafios futuros e e se planejar para enfrentá-los.

Finalmente, ambas as gerações concordam que os herdeiros deveriam investir em treinamento e educação relevantes, porque isso contribui para sua efetividade e credibilidade aos olhos de stakeholders, como os demais colaboradores. Observamos, em conversas com profissionais fora da família, que eles se sentem muito mais seguros e motivados quando veem que os proprietários familiares estão bem-preparados para fazer seu trabalho como donos da empresa.

Divergências entre as gerações

Quanto à Geração Júnior, mais uma vez, observamos um foco em aprender "as habilidades ocupacionais" de um proprietário, em um esforço para provar que estão capacitados para o trabalho. Seus integrantes dizem, por exemplo, que precisam "desenvolver uma compreensão abrangente do negócio e do panorama do negócio", "conhecer o setor e o mercado no qual a empresa opera" e "entender a governança da empresa". Já na Geração Sênior vemos uma abordagem mais redonda – que destaca o valor da compreensão das melhores práticas do negócio familiar e de desenvolver habilidades de relacionamento que ajudarão a construir alinhamento com outros proprietários e stakeholders, como "aprender a se comunicar bem", "entender as perspectivas dos outros" e "ter consciência das implicações das atribuições". Essa abordagem mais ampla sugere que o papel do proprietário vai além do domínio do negócio em si.

A Geração Sênior também enfatiza que os Juniores "entendam a gestão", "entendam a visão e os valores centrais da família e do negócio" e "entendam o valor do dinheiro". A abordagem desse grupo equilibra as razões complexas pelas quais as famílias continuam a manter a propriedade. Não se trata apenas de dinheiro, e isso é sempre claro quando vemos uma conexão da família com a história e o legado de um empreendimento.

2. CARACTERÍSTICAS PESSOAIS ESSENCIAIS

Concordância entre as gerações

Mesmo durante a primeira geração de propriedade familiar, a composição do grupo de donos pode se tornar complexa. Eles podem se encontrar geograficamente dispersos e ter diferentes níveis de conhecimento sobre o envolvimento no negócio. É desafiador obter consenso e alinhamento quanto à direção e às recompensas da empresa familiar. Das respostas que analisamos, ambas as gerações são sensíveis a esses desafios e acreditam em altos padrões para o comportamento dos proprietários.

As duas gerações querem que a Geração Júnior tome iniciativa e seja proativa – seja demonstrando interesse no negócio, seja aprendendo sobre ele, ou de outras formas. Ambas querem que seus integrantes sintam-se e comportem-se de maneira responsável para com os stakeholders (colaboradores, proprietários, família etc.) e ajam como embaixadores da família e da empresa na comunidade. Desejam que os sucessores pratiquem humildade, demonstrem maturidade, sejam respeitosos e demonstrem paciência quanto a dividendos e ações. Manter relações fortes com outros proprietários é uma preocupação primária das duas gerações – comunicando-se bem com eles, tendo uma boa afinidade e oferecendo-lhes apoio.

Divergências entre as gerações

Certos comentários da Geração Sênior não aparecem para a Geração Júnior. Por exemplo, os Seniores pedem aos Juniores que se mantenham envolvidos. De maneira bem explícita, dizem: "Não expulsem os Seniores". Isso pode ser interpretado de várias formas. Talvez os Seniores estejam tendo dificuldade para abrir mão e queiram continuar liderando, não desejem abrir mão dos dividendos ou precisem se sentir necessários. Ou, talvez, simplesmente vejam a si mesmos como um recurso para a Geração Júnior.

A Geração Sênior diz ainda que os sucessores deveriam se desenvolver pessoalmente ainda mais e ser cidadãos do mundo responsáveis, cuidando dos menos afortunados. Ela quer ter certeza de que os

Juniores se tornarão proprietários humildes, valorizando o que possuem, e que ajudem quem não tem tanto. É interessante que os comentários da Geração Júnior refletem a necessidade de se ter empatia pelos outros e ser um embaixador forte da família. Seus integrantes mencionam ter responsabilidade em relação à comunidade como parte de ser um membro efetivo da família, enquanto a Geração Sênior a vê como importante para ser um proprietário bom.

3. GOVERNANÇA

Concordância entre as gerações

Ambas as gerações veem a necessidade de definir o papel, as responsabilidades e os direitos dos donos e desenhar cuidadosamente a estrutura de propriedade da companhia. Além disso, ambas dizem que a geração seguinte precisa entender a missão, a visão e os valores centrais que os proprietários familiares têm para o negócio. Além disso, a nova geração precisa ter relacionamentos positivos e uma comunicação efetiva com outros acionistas. Mais ainda, os proprietários precisam convergir seus interesses e preocupações aos fóruns corretos, especialmente o conselho, de maneira oportuna. Ambas as gerações veem uma boa governança como fundamental para auxiliar a realizar esses objetivos.

Divergências entre as gerações

A Geração Júnior é claramente uma defensora mais forte da governança no sistema de empresa familiar do que os Seniores. Os Juniores acreditam que a governança formal (incluindo ter conselho de família, conselho diretor e acordo de acionistas) pode ajudá-los a desempenhar efetivamente vários papéis. Isso pode ajudar a explicar por que oferecem recomendações mais e mais detalhadas do que os Seniores sobre como a governança pode ajudá-los a se desenvolver como futuros proprietários. Por exemplo, querem clareza em relação à diferença entre propriedade e papéis de gestão e entender as exigências específicas do grupo proprietário. Querem entender as melhores práticas para estabelecer um conselho efetivo e canais de comunicação apropriados entre companhia, proprietários e vários fóruns de governança (reuniões de acionistas, conselho de família, conselho diretor). O número de sugestões adicionais dos Juniores indica sua disposição a envolver-se em atividades de governança para estimular sua prontidão.

O QUE A GERAÇÃO SÊNIOR PODE FAZER

Quando se considera o que a Geração Sênior pode fazer para contribuir para o desenvolvimento efetivo da Geração Júnior como proprietários, os temas mais comumente mencionados são:

1. Educação.
2. Governança.

1. EDUCAÇÃO

Concordância entre as gerações

Ambas as gerações sugerem que os Seniores precisam ser ativos no sentido de educar os Juniores sobre como ser um proprietário eficiente. O ônus recai sobre os primeiros para "compartilhar informações sobre o negócio" e "ensinar os sucessores a interpretar informações financeiras sobre o negócio, compreender os valores intengíveis e também dos recursos e do dinheiro, e ser bem-educados em geral". Os Seniores podem envolver outras pessoas para ajudá-los com esse dever educacional, mas eles precisam pelo menos monitorar, encorajar e avaliar essa atividade.

Divergências entre as gerações

Dos comentários de cada geração, vemos que os Juniores reiteram que os Seniores expliquem conceitos tangíveis de propriedade, e os Seniores repetidamente pedem aos Juniores que entendam seus aspectos mais relacionais. Os herdeiros, por exemplo, dizem "explicar os conceitos de *valuation*" e "esclarecer os diferentes níveis de autoridade para a tomada de decisão dos proprietários", enquanto os Seniores dizem "ensiná-los a história e o legado do que possuem" e "transmitir bons costumes, ética e humildade e a importância da privacidade". Ambas as necessidades são importantes e temos a impressão de que as gerações divergem sobre esse tópico.

Enquanto a Geração Júnior gostaria de saber hoje o que possuirá no futuro e quanto isso valerá, os Seniores dizem que "gradualmente" informarão os Juniores o valor da propriedade e da riqueza da família. Vale discutir a definição do que "gradualmente" quer dizer para os Seniores, em um esforço de controlar as expectativas e ajudar os membros da família a se preparar para tornarem-se gestores de sua riqueza.

2. GOVERNANÇA

Concordância entre as gerações

Ambas as gerações veem os Seniores como centrais para definir a estrutura de propriedade e os papéis e as qualificações necessárias; também para envolver a nova geração nas discussões a respeito dela, de modo que seus membros possam começar a contribuir para as decisões. Os comentários dos dois grupos enfatizam que se tornar proprietário e aprender a tomar decisões como tal exige prática e tempo.

Divergências entre as gerações

Cada geração propõe sugestões específicas para os Seniores. Os Juniores querem que eles reconheçam que a propriedade não é para todo mundo e pedem aos

Seniores que enfatizem para a Geração Júnior que a propriedade não é um direito de nascença. Os Juniores também pedem que os Seniores não estabeleçam um conselho só para haver um conselho; querem que tenham uma instância efetiva, não um grupo formado por amigos próximos da geração anterior.

De sua parte, os Seniores observam que, além de estabelecer regras de governança em relação a propriedade, expectativas e acordos, é importante também garantir que os proprietários familiares sejam capazes de se desligar com dignidade. Enquanto os Seniores parecem relutantes quanto a excluir qualquer um de seus herdeiros da propriedade, eles não querem que os membros da família se sintam presos em uma armadilha em função da propriedade e querem se preparar para uma saída digna.

TABELA 8

O que os membros da Geração Júnior deveriam fazer para se desenvolver como proprietários competentes?

Tema: Educação

A GERAÇÃO JÚNIOR DIZ	A GERAÇÃO SÊNIOR DIZ
• Entender a história, o setor, o mercado, o modelo de negócio, a equipe de gestão, o desempenho e a governança da empresa familiar • Entender o que significa se tornar um proprietário competente; desenvolver habilidades de proprietário incluindo finanças e contabilidade • Investir na educação formal e no treinamento	• Entender o funcionamento do negócio, assim como a história, os valores e a visão da família e da empresa • Entender o papel de um proprietário e gestor e a ler relatórios financeiros • Estudar e aprender a fim de se tornar crível e bem-informado • Entender as melhores práticas da empresa familiar • Entender as implicações de seu direito • Aprender a se comunicar e a entender os outros

TABELA 9

O que os membros da Geração Júnior deveriam fazer para se desenvolver como proprietários competentes?

Tema: Características pessoais essenciais

A GERAÇÃO JÚNIOR DIZ	A GERAÇÃO SÊNIOR DIZ
• Ser proativo para aprender e demonstrar interesse no negócio • Amar a empresa e orgulhar-se dela, dar apoio à gestão • Praticar a humildade, demonstrar maturidade, comportar-se com responsabilidade e respeito, manter um foco ético e moral, demonstrar empatia pelos outros • Tornar-se autossuficiente, não depender do negócio em termos financeiros • Demonstrar gratidão pela propriedade que recebemos, entender que não é um direito de nascença, ser paciente em relação aos dividendos • Colocar as necessidades da empresa antes das próprias	• Ser proativo e tomar a iniciativa, demonstrar comprometimento, desenvolver uma atitude de paixão, tenacidade, consistência e disposição • Demonstrar interesse e desejo de aprender sobre a empresa familiar • Representar bem a empresa e ser dedicado e envolvido em seu papel • Ser humilde, demonstrar maturidade, ser responsável por todos os stakeholders, aprender a ser justo, ser confiante • Apreciar o valor do dinheiro e entender suas limitações, ser cidadãos responsáveis, não esquecer os menos afortunados

A GERAÇÃO JÚNIOR DIZ	A GERAÇÃO SÊNIOR DIZ
• Comunicar-se bem e ter um bom relacionamento com outros proprietários, tornar-se um embaixador da família e sensível à política da família • Ter a cabeça aberta: conhecer nossas limitações e admitir erros	• Ser respeitoso e dar apoio aos outros proprietários, não expulsar os Seniores, ser leal às decisões tomadas, manter a confidencialidade • Ser paciente, ouvir: desenvolver sabedoria e realismo

TABELA 10

O que os membros da Geração Júnior deveriam fazer para se desenvolver como proprietários competentes?

Tema: Governança

A GERAÇÃO JÚNIOR DIZ	A GERAÇÃO SÊNIOR DIZ
• Entender os stakeholders-chave, estabelecer canais apropriados de comunicação entre a empresa familiar e os fóruns de governança • Entender a estrutura da propriedade, os papéis, responsabilidades e direitos dos acionistas, esclarecer a diferença entre propriedade e papéis de gestão, entender se o grupo proprietário é formado por gestores ou investidores • Conhecer os valores centrais, a missão e a visão da família para o negócio • Estabelecer relações e comunicar-se com outros acionistas • Implantar um conselho com papéis e responsabilidades definidas • Fazer parte de fóruns relacionados ao negócio para ganhar perspectiva externa • Entender as melhores práticas de governança	• Entender a estrutura da propriedade, o papel e as responsabilidades de propriedade e gestão, ser engajado como proprietário, transmitir seus interesses ao conselho • Seguir os valores centrais, a visão e a missão da família e do negócio • Demonstrar apoio e ter relações efetivas com outros acionistas

TABELA 11

O que os membros da Geração Sênior deveriam fazer para ajudar a Geração Júnior a se desenvolver como proprietários competentes?

Tema: Educação

A GERAÇÃO JÚNIOR DIZ	A GERAÇÃO SÊNIOR DIZ
• Ensinar, informar e ser transparentes em relação à empresa • Oferecer treinamento e educação sobre as responsabilidades da propriedade, esclarecer os diferentes níveis de autoridade para tomada de decisão dos proprietários, explicar o conceito de valuation e o valor do dinheiro • Comunicar os valores da família, explicar o que os seniores estão tentando conseguir ou deixar para trás • Educar-nos de modo geral	• Compartilhar informação sobre a empresa e seus valores • Gradualmente dizer o que possuem, explicar a estrutura de propriedade • Ensinar a eles o valor e o poder de ter recursos e dinheiro, assim como finanças básicas • Ensinar bons costumes e ética, humildade e a importância da privacidade • Oferecer oportunidades de educação

TABELA 12

O que os membros da Geração Sênior deveriam fazer para ajudar a Geração Júnior a se desenvolver como proprietários competentes?

Tema: Governança

A GERAÇÃO JÚNIOR DIZ	A GERAÇÃO SÊNIOR DIZ
• Definir a estrutura de propriedade, papéis e exigências para ser um proprietário efetivo, enfatizar que a propriedade não é um direito de nascença • Ter critérios para a propriedade • Permitir que participemos das discussões, ofereçamos ideias e tenhamos peso nas decisões de propriedade • Estabelecer um conselho efetivo	• Explicar a estrutura de propriedade atual, esclarecer as responsabilidades de propriedade, descrever os diferentes papéis de membro da família, gestor e proprietário • Envolver a nova geração de proprietários, treiná-los para ser bons proprietários • Oferecer um ponto de encontro para proprietários se alinharem e se comunicarem • Documentar regras, expectativas, acordos, diretrizes, valores e visão • Ser um exemplo de como sair com dignidade

CAPÍTULO 4

COMO TRANSFORMAR OS HERDEIROS EM MEMBROS COLABORATIVOS DA FAMÍLIA

Famílias empreendedoras tendem a não definir o que significa ser um membro familiar efetivo, mas elas sabem que isso remete à disposição de se relacionar e de colaborar. Quando alguém prejudica o relacionamento entre os parentes, a família logo trata o fato como uma transgressão das normas internas.

No programa Families in Business, conversamos explicitamente sobre como se constrói essa disciplina em uma família. No quinto dia, os participantes das diferentes gerações são preparados para abordar esse tópico e têm muito a dizer sobre ele.

Pedimos a cada geração que considere:

1. O que os membros da Geração Júnior deveriam fazer para se desenvolver como membros colaborativos da família.
2. O que os membros da Geração Sênior podem fazer para ajudar a Geração Júnior a se tornar integrantes colaborativos da família.

O QUE A GERAÇÃO JÚNIOR DEVERIA FAZER

Ao longo das décadas, quando se considerou o que os membros da Geração Júnior deveriam fazer para se tornar integrantes colaborativos da família, os comentários das duas gerações se concentraram principalmente em dois temas:

1. Características pessoais essenciais.
2. Governança.

1. CARACTERÍSTICAS PESSOAIS ESSENCIAIS

Concordâncias entre as gerações

Tanto a Geração Júnior quanto a Sênior concordam que a fim de se tornarem membros efetivos da família, os integrantes do primeiro grupo deveriam ser colaborativos com seus irmãos e outros parentes e trabalhar para fortalecer as relações familiares a fim de construir unidade e harmonia. Os Seniores dizem, por exemplo, que os herdeiros deveriam "demonstrar respeito pelos outros e pelas diferenças e diversidade dentro da família" e "se dar bem e se divertir juntos". Também comentam que a Geração Júnior deveria praticar os valores da família, a humildade, a paciência e a comunicação efetiva e agir com integridade.

Divergências entre as gerações

No entanto, as duas gerações querem tipos diferentes tipos de relacionamentos familiares em relação à Geração Júnior. Esta enfatiza muito claramente construir uma "unidade respeitosa", enquanto os Seniores focam mais em criar harmonia. A Geração Júnior, por exemplo, recomenda "aceitar que justo nem sempre é igual", "lutar pela unidade" e "ser um embaixador da família na comunidade". As sugestões da Geração Sênior, por sua vez, incluem "perdoar", "demonstrar preocupação pelos outros" e "praticar a solidariedade". É difícil enfatizar o suficiente o quanto a Geração Sênior busca harmonia, ou quanto a Geração Júnior busca unidade respeitosa. Esses dois conceitos estão relacionados e podem se apoiar mutuamente, mas são diferentes e podem conflitar. Querer a harmonia a qualquer custo pode levar a uma pretensa harmonia familiar. Insistir nela também pode parecer desrespeitoso aos membros que querem discutir questões ou se sentem estão sendo tratados injustamente. Se a maior preocupação for a harmonia, é possível que se evite questões importantes e debates necessários, o que pode sabotar a tomada de decisão colaborativa e o progresso como família. A Geração Júnior parece reconhecer essa tensão mais do que a Geração Sênior.

Unidade significa permanecer juntos em tópicos importantes, como a missão, as metas, as políticas-chave para administrar o negócio e a forma de tratamento dos membros. Em nosso trabalho com famílias empresárias, ensinamos que a harmonia parece ótima, mas é difícil de sustentar, enquanto a unidade familiar é essencial e mais factível de se manter ao longo do tempo.

Outra diferença é que a Geração Júnior insiste em seus comentários que as mulheres sejam tratadas com equidade em relação aos homens, enquanto os Seniores são bastante silenciosos quanto a esse tópico. Isso não significa que os Seniores sejam tendenciosos em relação a gênero; na verdade, observamos que as mulheres estão fazendo parte e até assumindo a liderança de muitas empresas familiares. Mas não sabemos o suficiente sobre o que os Seniores pensam em relação a gênero atualmente, e pretendemos pesquisar a respeito.

Finalmente, a Geração Sênior sugere aos Juniores que escolham os cônjuges corretos. Já os Juniores não comentam sobre esse tópico, e não se pode deixar de mencionar isso. Porém, os Seniores reconhecem que escolher bem o parceiro conjugal pode influenciar profundamente a harmonia, a unidade e a efetividade da família, criando ou destruindo a conexão dos mais velhos com seus filhos e netos.

2. GOVERNANÇA

Concordância entre as gerações

Ambas as gerações reconhecem que a boa governança pode ajudar os membros da família a entender seus papéis e suas responsabilidades dentro da empresa, a construir relacionamentos dentro e entre ramos, facilitar conversas e atividades importantes e contribuir para o desenvolvimento de valores, missão e visão da empresa. Não poderíamos concordar mais. Independentemente de quão pequena ou grande seja a família ou sua empresa, a boa governança composta de fóruns específicos de discussão de políticas e acordos sensíveis, desenvolvida com a adesão dos membros da família, pode levar a uma participação mais informada e ativa de todos os integrantes. A presença de boa governança é muito atraente para os membros da Geração Júnior porque dá a eles alguma garantia de que negócio, propriedade e questões familiares podem ser geridos de forma sensata e pacífica. A boa governança pode ser diferente entre os membros da Geração Júnior que querem se envolver com sua família e apoiar sua empresa familiar, ou não.

Ambas as gerações também reconhecem o valor da governança em dar apoio à comunicação e esclarecer a autoridade de tomar a decisão entre fóruns de governança como o conselho de família, assembleia de família, conselho de empresa e acionistas.

Divergências entre as gerações

A Geração Júnior defende fortemente fóruns, acordos e políticas de governança. Parece que os Juniores, sem o poder e a influência dos Seniores, veem a boa governança como uma forma de garantir que eles terão voz no sentido de estabelecer a direção da família e construir disciplina e unidade nela, abordar questões familiares e manter a paz. Os Seniores concordam que a boa governança é essencial, mas mencionam outras razões para isso: alguns membros podem "demonstrar liderança" e "permitir o diálogo entre gerações para conversar sobre metas e objetivos da família". Esses são propósitos complementares e as duas gerações podem ou não discordar sobre por que estabelecer a governança.

A Geração Júnior também sugere a inclusão de noras e genros em atividades relacionadas à governança familiar. Os Seniores silenciam sobre a questão.

O QUE A GERAÇÃO SÊNIOR PODE FAZER

Quando se considera o que a Geração Sênior pode fazer para contribuir com o desenvolvimento efetivo dos membros da família da Geração Júnior, o tema mencionado com mais consistência é o das características pessoais essenciais.

Concordância entre as gerações

Há uma concordância significativa entre as gerações de que os Seniores deveriam praticar as seguintes atitudes:

- Comunicar e ouvir, ser aberto a discussões difíceis e ser transparente quanto a suas expectativas, seus planos e história pessoal;
- respeitar e apoiar os Juniores, as diferenças geracionais e a diversidade de talentos na família;
- tratar os Juniores como adultos e não como crianças, elogiando suas conquistas;

- priorizar o tempo para a família e se reunir para comemorações e diversão;
- encorajar a unidade e a harmonia;
- amar os Juniores como indivíduos;
- liderar pelo exemplo;
- admitir quando cometem erros.

Claramente, tanto os Juniores como os Seniores sentem que estes deveriam preparar o terreno servindo de exemplo de como os outros deveriam ser tratados.

Divergências entre as gerações

Não há divergências significativas nas respostas das Gerações Sênior e Júnior.

TABELA 13

O que os membros da Geração Júnior deveriam fazer para se desenvolver como membros efetivos da família?

Tema: Características pessoais essenciais

A GERAÇÃO JÚNIOR DIZ	A GERAÇÃO SÊNIOR DIZ
• Demonstrar respeito e apoio aos outros, às gerações anteriores, a diferenças e diversidade individuais e aos valores familiares • Aceitar que "justo" nem sempre significa "igualitário" • Reconhecer as realizações dos outros, não ser invejoso • Trabalhar duro • Lutar pela unidade, ser um pacificador, evitar fofoca, construir relacionamentos, divertir-se como família • Ser humilde e paciente • Discutir os problemas diretamente, separar questões de família de questões da empresa	• Respeitar e demonstrar preocupação pelos outros, oferecer apoio, aceitar e apreciar as diferenças • Reconhecer e agradecer a geração anterior por seu trabalho duro e sabedoria • Amar e perdoar os outros, não trair, se dar bem com os demais, praticar a solidariedade • Trabalhar no sentido de equilíbrio entre vida e trabalho • Ser humilde, paciente e desapegado, ter orgulho (na medida certa) • Trabalhar duro e se divertir juntos • Escolher o cônjuge certo

A GERAÇÃO JÚNIOR DIZ	A GERAÇÃO SÊNIOR DIZ
• Comunicar-se e ser transparente • Ir além do gênero • Ser um embaixador da família na comunidade	• Comunicar-se e ouvir, não fazer suposições • Ser proativo, tomar iniciativa • Ser ético e justo, ter integridade • Assumir a responsabilidade pelo que vem com o poder e a riqueza

TABELA 14

O que os membros da Geração Júnior deveriam fazer para se desenvolver como membros efetivos da família?

Tema: Governança

A GERAÇÃO JÚNIOR DIZ	A GERAÇÃO SÊNIOR DIZ
• Compreender e celebrar a história da família, compreender nossas responsabilidades e manter as conversas no círculo familiar • Criar e dar apoio a fóruns como conselho da família e assembleia da família, desenvolver e dar apoio aos valores, missão e visão da família, criar e seguir as diretrizes e políticas da família • Reunir a família para construir relações, experiências compartilhadas e diversão, incluir noras e genros, promover o trabalho em equipe, administrar os conflitos (questões grandes e pequenas)	• Entender os diferentes papéis dentro do sistema da empresa familiar e ter linhas apropriadas de comunicação entre eles

TABELA 15

O que os membros da Geração Sênior podem fazer para ajudar a Geração Júnior a se desenvolver como membros efetivos da família?

Tema: Características pessoais essenciais

A GERAÇÃO JÚNIOR DIZ	A GERAÇÃO SÊNIOR DIZ
• Ser aberto a discussões difíceis e a novas ideias • Respeitar uns aos outros e as diferenças de nossa geração • Tratar-nos como indivíduos, segundo nosso estágio de desenvolvimento na vida • Apostar na coragem e abraçar a mudança • Dar apoio aos membros da família em seus empreendimentos, não desvalorizar integrantes que não trabalham no negócio • Separar questões da família e do negócio • Ter tempo de qualidade e evitar perda tempo da família, divertir-se e criar lembranças, comemorar os sucessos da família	• Ser aberto e transparente • Compreendê-los individualmente, conhecer suas diferenças, respeitá-los e aceitá-los em sua diversidade • Tratá-los como adultos, não como crianças • Apreciar e honrar seus talentos, apoiar seus sonhos, elogiar suas realizações • Permitir que façam escolhas e respeitar suas decisões • Não demonstrar favoritismo • Criar um ambiente no qual possam expressar interesses e desejos, encorajá-los a participar e expressar opiniões

<table>
<tr>
<td>• Encorajar a unidade e a harmonia da família
• Praticar o que prega, ser um bom exemplo
• Ser firme, porém nos mimar aqui e ali (mas não muito)
• Ter expectativas realistas
• Admitir que comete erros
• Amar, apreciar e elogiar</td>
<td>• Priorizar as reuniões de família para se divertir, manter o legado e os valores da família vivos, criar tradições familiares
• Valorizar os relacionamentos apesar do conflito
• Liderar pelo exemplo
• Comportar-se de forma consistente com confiança, humildade e integridade
• Encorajar o trabalho em equipe
• Comunicar-se com frequência
• Inspirar a competição saudável
• Admitir os erros e ser responsável
• Amá-los, apoiá-los incondicionalmente</td>
</tr>
</table>

CAPÍTULO 5

REFLEXÕES FINAIS E LIÇÕES-CHAVE

Depois desta detalhada revisão do diálogo intergeracional, suspeitamos que seria útil resumir nossas ações recomendadas para cada geração, baseadas em comentários de ambas as partes.

AÇÕES RECOMENDADAS PARA A GERAÇÃO JÚNIOR

1. Aprender sobre o sistema de empresa familiar: a empresa, sua missão, organização, cultura, governança e setor de atuação; a família, sua história e seus valores; a estrutura de propriedade e a governança.
2. Conhecer seus interesses, metas, pontos fortes e fracos e como você quer contribuir para a família e a empresa.
3. Ver o emprego ou a propriedade da empresa familiar não como direito de nascença, mas como atividades que exigem uma qualificação considerável.

4. Desenvolver (dar início) a um plano de carreira e ter o papel que você quer na empresa familiar.
5. Desenvolver fortes capacidades de comunicação e de escuta.
6. Ganhar o respeito dos outros por todos os papéis que se desempenha na empresa familiar: demonstrar maturidade, comprometimento e responsabilidade; trabalhar duro; ser justo; representar bem a família e seguir seus valores; pedir feedback por seu desempenho.
7. Demonstrar respeito aos outros na família e no negócio; reconhecer suas contribuições; cultivar fortes relacionamentos com proprietários, funcionários e outros stakeholders; reconhecer e agradecer a geração anterior por seu trabalho duro, contribuições e sabedoria.
8. Ter um mentor.
9. Escolher o cônjuge certo.
10. Ser um unificador da família.

AÇÕES RECOMENDADAS PARA A GERAÇÃO SÊNIOR

1. Demonstrar para a nova geração que você é dedicado ao desenvolvimento deles e espera que eles também o sejam.
2. Dar um bom exemplo para a geração seguinte de como você espera que se comportem.
3. Comunicar-se com a geração seguinte sobre sua história, sonhos, metas e interesses, realizações e erros;

como você pensa sobre certas questões e como toma boas e más decisões.

4. Organizar reuniões da família nas quais os membros aprendam e discutam seus interesses e questões importantes para suas vidas.
5. Deixar a geração seguinte perseguir os próprios sonhos; encorajá-los a tê-los, ainda que os levem a carreiras fora da empresa familiar.
6. Reconhecer e recompensar as realizações e as contribuições da próxima geração; não tratar os herdeiros de maneira equânime quando têm um desempenhos diferentes.
7. Tratar a geração seguinte como adultos e profissionais, garantir que os funcionários da família sejam responsabilizados por seu desempenho na empresa; dar a eles um feedback objetivo de sua performance e garantir que os membros que não são da família façam o mesmo, com seu apoio.
8. Oferecer coaching ou mentoring para a geração seguinte ou garantir que tenham alguém cumpra esse papel.
9. Dar à geração seguinte seu melhor conselho mas deixá-la experimentar suas próprias ideias e ter ou não sucesso; não protegê-la.
10. Construir a unidade da família, mas tolerar discordâncias respeitosas que permitam que questões importantes sejam aventadas.

Para ambas as gerações: manter a conversa entre si e, mais importante, continuar ouvindo, especialmente quando você discorda. Há muito a aprender uns com os outros.

CARTA ABERTA À GERAÇÃO JÚNIOR

Aos membros da nova geração:

Devotei boa parte de minha carreira para conhecê-los – integrantes da geração de sucessores em famílias empresárias de sucesso. Quando comecei minha carreira, eu tinha a idade de vocês e compartilhava de sua perspectiva de vida e de trajetória profissional. Agora, tenho a idade de seus pais e compartilho a deles. Mas permaneci conectado a membros da geração mais jovem ao longo de meu trabalho com as famílias clientes às quais servi, assim como aos meus alunos. Por muitos anos, ensinei sobre gestão de empresas familiares e planejamento de vida e de carreira aos alunos de MBA da Harvard Business School (HBS). Também ensinei liderança a pessoas da minha idade em programas executivos na Escola. E, é claro, estive à frente do programa Families in Business por 17 anos. Essas conexões me ajudaram a entender o que você vivencia em sua vida e carreira. E essa experiência reforçou meu compromisso profissional de ajudar sua geração a desenvolver a compreensão e as habilidades para ser bem-sucedida e descobrir seu lugar dentro do empreendimento da família.

Vocês todos começaram em diferentes locais, com interesses, talentos, níveis de apoio, circunstâncias familiares, contextos empresarias e fatores setoriais diferentes que influenciam seu pensamento sobre planos profissionais e pessoais. Para alguns a jornada é mais fácil do que para outros. Mas todos sentem alguma pressão devido a obrigações reais ou percebidas impostas a vocês desde o nascimento; à expectativa da família de que você seja leal a uma empresa que não criou e que pode ou não interessá-lo; e ao fato de que sua família e a empresa provavelmente dominam sua identidade e seu senso de tradição. A pressão que você sente é pessoal – você não quer desapontar seus pais, sua família ou a si mesmo. Você não quer ser "a geração que estragou tudo". Há muito com que lidar.

Você não escolheu nascer em uma família como a sua e isso não deveria ditar sua trajetória. Você tem opções quanto ao que fará e como vai se engajar com seus parentes e com a empresa. Quero ajudá-lo a fazer de sua vida o que você quer que ela seja. Se sua paixão como carreira for o negócio familiar, corra atrás disso. Mas, se não for, não. Quase nunca funciona para uma pessoa ou para sua família sacrificar a própria carreira para agradá-la. Faça de você e de sua jornada uma prioridade. Saiba o que quer. Descubra o que o torna único e capaz de agregar valor, e faça uso disso. Tenha uma missão pessoal, com uma filosofia e um conjunto de valores próprios. Tenha metas, mas reconheça que elas são os meios, e não o fim, para uma jornada gratificante.

Se você escolher não se envolver com o negócio familiar, tudo bem. Tanto quanto possível, permaneça informado a respeito. Tente representar bem sua família e dar apoio a ela, a menos que uma relação com seus parentes não seja saudável para você. Se for criticado por não ser mais envolvido com a empresa, seja respeitoso em sua resposta, mas claro quanto a seus interesses. Eleve-se acima do drama, da fofoca e de quaisquer esforços no sentido de coagi-lo ou a qualquer outro membro.

Se você escolher não trabalhar na empresa familiar, mas quiser permanecer envolvido como proprietário, membro do conselho, membro do conselho familiar ou de quaisquer outras formas, demonstre seu interesse. Você pode ser um importante colaborador para o sucesso e a sobrevivência da organização. Prepare-se bem para seus papéis, trabalhe duro e agregue valor. Seja um apoiador do negócio e de sua família e ajude os dois a serem o melhor que podem ser. Costuma ser útil repensar a forma como você a vê. Distancie-se dos estereótipos em relação aos indivíduos e aos ramos – sua irmã mimada, o lado dos primos preguiçosos, seu tio desagradável ou seus pais controladores – e considere a possibilidade de ajudar a criar um time unido (mesmo com algumas personalidades complicadas nele). Ouça e tenha empatia pelos interesses e pelas preocupações de seus parentes. Aborde questões que precisam ser tratadas. Seja diplomático e trabalhe por soluções realistas. Mais importante: seja um agregador.

Se escolher trabalhar na empresa de sua família e suceder a Geração Sênior, então não espere favores: atenda os critérios para se empregar no negócio, trabalhe mais duro do que qualquer um, peça feedback de seu desempenho e faça bom uso dele. Ganhe o respeito de seus colegas. Seja tão profissional quanto seria em qualquer outra companhia. Estabeleça parâmetros altos e represente bem sua família em tudo o que fizer. Demonstre aos outros que você tem a vontade e o bom senso necessários para liderar a empresa um dia.

O desafio de dar continuidade à empresa familiar é grande. As chances estão contra a sobrevivência de qualquer negócio por mais de uma geração e uma organização desse tipo tem camadas extras de complexidade. Há vários fatores que levam ao sucesso e à sobrevivência, mas uma vez que ela chegou até aqui, honestamente, o sucesso futuro depende principalmente de você e de que a Geração Sênior faça uma gestão bem-sucedida da transição, da propriedade e da governança para a sua geração. Grandes desafios geralmente exigem grandes pessoas para abordá-los. Admiro pessoas que os assumem e espero que você seja um deles.

É claro que pode haver grandes benefícios e um grande orgulho ao continuar na empresa familiar. Essa pode ser uma ótima estrada para se percorrer. Você pode se preparar para o desafio, mas há bons conselhos sobre como fazer isso, e espero que a Geração Sênior o ajude. Eu já escrevi meu conselho para eles.

Eis aqui como você os ajuda a ajudá-lo.

Sua geração é compreensivelmente focada em como provar que pode fazer o trabalho, demonstrar compreensão e habilidade, e ser vista como adultos críveis e profissionais. Isso, é claro, é necessário e merecido (para a maioria dos sucessores). A Geração Sênior concorda que você merece ser tratado como profissional (só não fique se gabando de seu MBA para os demais colaboradores) e como adulto (saiba que vê-lo assim é um pouco difícil para eles). Mas – lembre-se disso – eles nunca deixarão de senti-los como filhos, como pessoas com quem se preocupam e para as quais querem o melhor. Eles querem que você seja uma pessoa boa e feliz. Querem que construa suas habilidades e autoconfiança, tenha e persiga sonhos, seja responsável e humilde, entenda a história de sua família e o negócio, abrace os valores e a visão que construíram, trate os parentes com respeito, nutra um relacionamento harmonioso com eles e represente bem seu legado. Isso é muito a se esperar de alguém.

Além do mais, nunca é demais enfatizar quanto a Geração Sênior quer que os membros da família se saiam bem. Também quer saber que você aprecia tudo o que fizeram para construir a empresa e ajudar sua geração. Além disso, desejam ter certeza de que você não vai mudar tudo o que criaram e ignorá-los assim que sua geração assumir. Isso praticamente cobre tudo.

Converse com seus pais e outros membros da Geração Sênior de modo a entender pontos de vista específicos sobre seu desenvolvimento. Seus interesses e suas metas podem parecer mais com os deles quando você tiver a idade deles e estiver negociando com seus filhos.

Depois de tentar entender os Seniores, mostre a eles que está tentando dar-lhes (em boa medida) o que querem. Reafirmar às pessoas que você apoia amplamente seus objetivos e interesses ajuda-os a relaxar e os encoraja em relação a seus interesses e suas metas. Então facilite para os Seniores apoiar seu desenvolvimento e, em última instância, sua sucessão.

Ao longo desse processo, você é responsável por compreender seus interesses e talentos, ao lado dos interesses e talentos de outros membros de sua geração, e, com polidez, defender suas ideias. A Geração Sênior é responsável por esclarecer seus próprios desejos e expectativas e aceitar a realidade de que nem todos os integrantes de sua geração quererão ou merecerão ser igualmente envolvidos no negócio da família.

Em vez de encorajá-lo a ser paciente e esperar que eles deem o primeiro passo (tenho certeza de que você ouviu muito esse conselho), encorajo você a envolver a Geração Sênior em um diálogo e que inicie ações com o apoio dela. Marque reuniões periódicas com pautas definidas e ouça com atenção os interesses e as preocupações dos mais velhos. Peça feedback e avaliação de suas ideias e habilidades, gere governança e planos de desenvolvimento – ofereça-se para tomar a frente no sentido de propô-los, uma vez que essas atividades ajudarão no desenvolvimento de sua geração. E especialmente expresse reconhecimento aos Seniores pela contribuição que deram à empresa e à sua geração. Se seu diálogo emperrar, ouça mais do que fale, mas siga em frente. Sugira pedir a um terceiro que medie as discussões.

Independentemente de qual papel você escolher no negócio, ser um membro de uma família empresária tem muitas vantagens e desafios que o moldarão como pessoa. Espero que você construa sua vida para que seja significativa, respeitosa com a geração anterior e colaborativa com muitos.

Com os melhores votos,

John A. Davis
Cambridge, Massachusetts

SOBRE OS AUTORES

John Davis é professor da Harvard Business School desde 1996, onde se divide entre o MBA e programas executivos. Já deu aulas no IMD (Suíça) e no Incae (Costa Rica). Sócio da firma de consultoria Cambridge Advisors to Family Enterprise – que atua em 15 países –, é considerado um ativista dos negócios familiares. Fundou e é vice-presidente do Owner Managed Business Institute, organização internacional que visa educar famílias que administram negócios próprios e realizar pesquisas de ponta na área. Também é membro da Family Business Network (FBN) e autor de livros de referência no assunto, como *Generation to Generation: Life Cycles of the Family Business*. Davis, que tem formação em economia, administração e psicologia, assessora empresas familiares brasileiras desde 2000 – elas respondem por um terço de sua carteira de clientes.

Maria Sinani é diretora do Cambridge Family Enterprise Group e facilitadora do programa Families in Business da Harvard Business School (HBS).

Courtney Collette é executiva-chefe de operações do Cambridge Institute e pesquisadora de empresas familiares. Envolvida no desenho dos programas educacionais da instituição, também atua como facilitadora do programa FIB da HBS.